mise en examen

collection dirigée par Ala

W0416722

QCM DE LOGIQUE

AUX CONCOURS DES ÉCOLES DE COMMERCE - IAE - MASTERS

ARPÈGE - PASSERELLE - TAGE MAGE®

TAGE 2® - TESTS ESSEC - TREMPLIN

IPAG - PASS - PROFILS - SESAME - TEAM

Franck ATTELAN

Diplômé de l'ESSEC

Professeur à Intégrale, Paris

ellipses

Dans la collection *mise en examen*

pour le Baccalauréat

- *La Composition d'histoire et de géographie au baccalauréat*, 2e édition, J.-M. Bernardin, O. David et J.-L. Suissa.
- *Le Croquis de géographie au baccalauréat*, 2e édition, Ch. Arnould, F. Denisart, Cl. Mangin (avec dossier en couleur).
- *L'étude de documents en histoire et en géographie au bac*, K. Rezard.
- L'épreuve d'*Histoire-Géographie à l'oral du baccalauréat – sections européennes anglais*, A. Clermidy et S. Gruffaz.
- *L'Oral d'histoire-géographie au baccalauréat, Séries générales et STT*, O. Mainet.
- *Réussir les épreuves de droit – Lycée & BTS*, W. Damour.

pour les Écoles de commerce

- *Dissertation de culture générale aux concours commerciaux – Méthodologie et exemples*, A. Braz.
- *Dissertations d'histoire-géographie et géopolitique du monde contemporain*, sous la dir. d'A. Nonjon et P. Dallenne.
- *L'Écrit et l'oral d'anglais aux concours des écoles de commerce, ACCES, IPAG, SESAME, TEAM*, A.-L. Robert.
- *L'Entretien individuel aux concours des écoles de commerce, Bac, Bac+2, Bac+4, prépas*, 2e édition, E. Carré.
- *L'Épreuve d'analyse et de synthèse aux concours des écoles de commerce, ACCES, SESAME*, J. Maréchalle.
- *Épreuves d'anglais aux concours des écoles de commerce en admissions parallèles (1re et 2e années – Bac+2, +3, +4, +5)*, A.-L. Robert.
- *Les Épreuves de logique et de mathématiques aux concours des écoles de commerce*, 3e édition, F. Attelan.
- *Géopolitique du monde contemporain. Dissertations, prépas ECS 2e année*, sous la dir. d'A. Nonjon et P. Dallenne.
- *Le Mémoire de fin d'étude dans les écoles de commerce*, J.-L. Michel.
- *La Note de synthèse aux concours d'entrée des écoles de commerce, TREMPLIN, PASSERELLE, EDHEC, admissions parallèles – BAC+2*, E. Crimail.
- *L'Oral de culture générale aux concours des écoles de commerce de type HEC*, Ch. Baron.
- *L'Oral de mathématiques aux concours des écoles de commerce*, S. Bossu.
- *QCM de mathématiques et de calcul aux concours des écoles de commerce*, F. Attelan.
- *QCM de logique aux concours des écoles de commerce*, F. Attelan.
- *Réussir l'épreuve de mathématiques, concours ACCES*, F. Attelan, G. de Montel.
- *Se préparer au Test Message*, F. Attelan.
- *Les Tests d'aptitude à l'entrée des écoles de gestion*, 2e édition, F. Attelan.

pour Sciences Po.

- *L'anglais dans les Instituts d'Études Politiques. Paris et province. Admissions en 1er et 2e cycles, cycle du master*, A.-L. Robert.
- *La Composition d'histoire. Institut d'Études Politiques, Paris et province (1re et 2e années)*, C. Bonnet.
- *L'Épreuve de culture générale. Institut d'Études Politiques, Paris et province (1re, 2e et 4e années)*, 2e édition, D. Alcaud, Ph.-J. Quillien, A. Rose.
- *L'Épreuve de géographie à Science Po. IEP de Paris et province (1re et 2e années)*, F. Besset.

pour différents concours

- *Cartes en mains. La cartographie aux concours*, E. Lézy, A. Nonjon (en couleur).
- *La France au XXe siècle en dissertations corrigées. Conseils et méthodologie*, M. Durousset.

ISBN 978-2-7298-3063-2

www.editions-ellipses.fr

PREFACE

Vous avez dit… *logique* ?

- Sur 1 000 sociétés investissant dans la R&D… moins de 94 ont pu maximiser les retours sur leurs investissements en 2005, d'après l'étude de Booz Allen Hamilton… une recherche qui se cherche ? *Logique !*
- Sur 25 ans le taux de croissance de l'économie française a dépassé 3 % à 5 reprises ; les candidats au mandat électif suprême en 2007 tablent tous sur une croissance bénie des dieux à plus de 3 %… croire en la croissance ! *Logique !*
- La France a délocalisé, entre 1995 et 2001, 95 000 emplois manufacturés selon l'Insee, soit 2,4 % des effectifs du secteur de l'industrie, et la France ne sait comment échapper malgré quelques frémissements à la rigidité d'un chômage de près de 9 % des actifs : perdre des emplois pour en gagner ? *Logique !*
- L'Union européenne importe 80,2 % de son pétrole et 54,5 % de son gaz et n'a pas encore élaboré de véritable politique énergétique communautaire. À quoi bon mobiliser son énergie au service de l'énergie ? *Logique !*
- À tous ceux qui veulent se ressourcer dans un bain de *logique* pour échapper à l'absence de *logique* du monde qui nous entoure, une seule recommandation : lire la dernière parution de F. Attelan, délicieux condensé de ce que peut représenter les **épreuves de logique aux concours commerciaux**. Là vous serez assuré que les réponses seront d'une implacable *logique*, que les raisonnements à conduire seront *logiques*, et…
  - C'est *logique* car… F. Attelan, auteur confirmé, est rompu à ce type d'exercice depuis une décennie d'interventions dans des stages intensifs de préparation des candidats au Tage Mage, aux concours Message et autres batteries de tests.
  - C'est *logique* car… F. Attelan a su faire de ses ouvrages de la collection « mise en examen » une suite de best-sellers par leur clarté, leur progressivité, leur interactivité, leur débouchés sur des astuces et méthodes simples de résolution des problèmes.
  - C'est *logique* car chaque jour qui passe cet auteur réhabilite le vieux fonds cartésien français ; ce qui se conçoit bien s'énonce aisément.
  - C'est *logique* car dans chaque série (graphique, doubles et autres), il… série bien les problèmes !

– C'est *logique* car les exercices inédits que F. Attelan propose sont toujours frappés au sceau du bon sens, du quotidien, du vécu.

Bref... soyons *logiques* : où trouver un bon reconstituant de notre capacité à déduire, induire et construire un raisonnement ?... en toute *logique* dans ce manuel de QCM... de logique !

Tiens à propos, cela me rappelle cette devise des guerriers zoulous... :

« si tu avances, tu meurs ; si tu recules, tu meurs. Alors pourquoi reculer ? »... ***Logique... non ?***

Alain Nonjon
Directeur de collection

Avertissement

Les sujets proposés dans cet ouvrage ainsi que les corrigés et les commentaires qui les accompagnent n'engagent que les auteurs et l'éditeur et n'ont aucun lien avec l'organisation des concours cités.

AVANT-PROPOS

« Si les faits ne correspondent pas à la théorie, changez les faits. »

Albert Einstein

Les concours d'entrée aux Écoles de commerce, en Masters ou en IAE sont devenus de plus en plus sélectifs. Nul doute que les épreuves de logique - épreuves hautement stratégiques - participent largement de cette sélectivité.

Les épreuves de logique sont celles que les candidats redoutent le plus. A tort ? A raison ? Souvent à tort !!

Séries graphiques, séries doubles, séries de raisonnement... autant de termes qui inspirent aux candidats trou noir, crainte et désenchantement.

Pourtant, dès lors que l'on s'introduit dans les coulisses des QCM de logique et que l'on se familiarise avec les différentes méthodes d'approche, les techniques et les nombreuses astuces... alors on comprend finalement que ces QCM représentent une opportunité unique de faire le plein de points et de s'assurer ainsi une avance confortable dans les différents classements d'admission. Encore faut-il prendre le temps de bien comprendre et de s'entraîner sans relâche...

Cet ouvrage est une réponse aux lecteurs des *« Epreuves de logique et de mathématiques aux concours des Ecoles de commerce »* et des *« Tests d'aptitude à l'entrée des Ecoles de gestion »* qui ont souhaité un ouvrage de **perfectionnement** aux QCM de logique afin de s'entraîner toujours plus, toujours mieux !

Je me suis fixé deux objectifs en écrivant cet ouvrage :

1. Proposer des **méthodes d'approche complémentaires très efficaces ainsi que de nombreuses techniques de résolution** afin d'encadrer au mieux l'apprentissage et la pratique des QCM de logique.

2. Proposer des **QCM inédits** qui doivent permettre aux candidats de s'entraîner sur tous les types de séries logiques : **séries graphiques**, **séries doubles** et **séries de raisonnement**.

J'espère sincèrement que vous prendrez un certain plaisir - pour ne pas dire un plaisir certain - à travailler sur ces séries logiques et que plus jamais, vous ne les redouterez.

Je vous souhaite une bonne lecture, une bonne préparation, beaucoup de courage et des succès à la hauteur de vos ambitions !

Franck Attelan

ESSEC

Concepteur de tests

Professeur de Logique et de Mathématiques

Intégrale | Paris

Connectez-vous sur le site **www.aurlom.com** : vous y trouverez des fiches complémentaires à télécharger ainsi de que des conseils d'orientation, de préparation et de perfectionnement.

Entraînez-vous sur de nouvelles batteries de QCM en temps réel sur :

www.liveqcm.com.

Apprenez à gérer votre stress et votre temps en vous entraînant sans relâche sur des batteries de QCM inédites; mesurez vos progrès et visez un score maximal le jour du concours.

A ma maman

PREMIERE PARTIE

SÉRIES GRAPHIQUES

CHAPITRE 1

PRÉSENTATION DES SÉRIES GRAPHIQUES

Les QCM impliquant des séries graphiques sont de plus en plus courants aux concours d'entrée aux Écoles de commerce et formations universitaires supérieures. Ces QCM trouvent leur place dans les différentes épreuves de LOGIQUE des concours.

On en trouve ainsi un bon nombre dans les épreuves de LOGIQUE des concours TAGE MAGE, TAGE 2, ARPEGE mais encore dans les épreuves des concours ESSEC, SÉSAME, IPAG etc.

En tant que concepteurs, nous voyons dans les QCM de séries graphiques une opportunité unique de **tester de larges capacités de** **raisonnement logique et intuitif**.

Pour chacune des séries sur lesquelles vous travaillerez, **vous devrez trouver des liens logiques simples ou complexes** (j'entends par *liens complexes* des liens qui s'inscrivent sur plusieurs niveaux de raisonnement) qui lient des **cadres** (nous appellerons *cadre* tout élément complet constitutif d'une série graphique) contenant des chiffres, des lettres et/ou autres figures géométriques. Le but final étant de choisir parmi les cadres proposés en solution, celui qui complète idéalement la série.

En fait, les QCM de séries graphiques convoquent deux types de raisonnement logique :

- **Les raisonnements logiques infaillibles, i.e. des raisonnements logiques faisant fortement appel au bon sens commun.**

  Si une figure géométrique subit par exemple une rotation de 45 degrés cadre après cadre, le cadre final | solution ne peut contenir qu'une figure qui est la résultante d'une rotation de 45 degrés… et pas comme par magie une rotation venue de nulle part de 90 ou 180 degrés !

- **Les raisonnements logiques intuitifs** (à ne pas confondre avec *la logique floue*) qui exigent que vous creusiez plusieurs pistes possibles.

  Vous trouverez ainsi des cadres qui mettent en avant des lettres et des chiffres. A vous alors de voir s'il s'agit de lier une lettre à son rang dans l'alphabet ; une lettre à son rang dans l'alphabet élevé au carré ou encore s'il s'agit de lier une lettre au nombre de barres droites qu'elle contient etc. Je me suis naturellement efforcé d'encadrer au maximum votre intuition en vous donnant les clés qui doivent vous permettre de conduire des raisonnements intuitifs d'une grande efficacité. Vous trouverez d'ailleurs dans le chapitre 3 batteries de QCM afin de vous entraîner de façon efficace.

Il peut être utile d'apporter maintenant une petite distinction entre ce que l'on appelle communément **« séries graphiques »** et **« séries spatiales ».** Cela vous permettra de mieux comprendre comment fonctionnent ces séries.

Une **« série graphique »** accorde une importance majeure aux **raisonnements logiques**, c'est-à-dire aux raisonnements fondés sur une démarche d'analogie. Concrètement, face à une série graphique vous vous demandez : **« qu'est-ce qui peut bien se produire à l'intérieur de ce cadre et qui se reproduit à l'identique à l'intérieur des autres cadres ? ».** Ainsi, si vous trouvez dans un cadre une relation entre un chiffre et une figure géométrique, vous cherchez alors à retrouver cette même relation au sein des autres cadres de la série.

Toutefois, les « séries graphiques » ne se réduisent pas uniquement à une problématique de raisonnement logique. **On trouve en effet des séries qui proposent, en plus d'une exigence de raisonnement logique, une problématique de mouvement.**

Les **problématiques de mouvement** vous sont familières puisque l'on vous en proposait déjà un nombre important lors des tests de QI que vous passiez quand vous étiez plus jeune. Il s'agit en fait de comprendre **comment les éléments d'une série évoluent d'un cadre à l'autre**. Telle figure subit une rotation de 90 degrés cadre après cadre ; telle lettre avance, cadre après cadre, dans le sens inverse des aiguilles d'une montre etc.

Lorsqu'une série se limite uniquement à une problématique de mouvement, on parle alors de **« série spatiale »**.

Nous n'aborderons pas dans cet ouvrage les « séries spatiales ». Celles-ci présentent en effet un intérêt limité en tant qu'outil de test et d'évaluation. Surtout, les séries spatiales ne présentent pas de difficulté majeure pour les candidats qui réussissent généralement à les résoudre avec une facilité certaine.

Nous nous attarderons donc sur les **« séries absolument graphiques »** et les **« séries graphico-spatiales ».** Nous appellerons « série graphico-spatiale » une série qui exploite raisonnement logique ***et*** mouvement.

I. LES SÉRIES ABSOLUMENT GRAPHIQUES

Nous appelons **série absolument graphique**, une série qui s'inscrit dans une *logique de raisonnement.* Les séries absolument graphiques vous invitent à conduire un raisonnement logique *à l'intérieur de cadres graphiques* contenant des chiffres, des lettres, des figures géométriques, des barres et/ou autres traits graphiques. Vous devez d'abord inférer la logique constitutive du cadre pour espérer trouver le cadre manquant (proposé en solution sous la forme d'un *Q*uestionnaire à *C*hoix *M*ultiples).

Une série absolument graphique privilégie donc les liens **intra-cadre :** vous devez d'abord émettre une hypothèse sur la logique qui régit ce qui se passe à l'intérieur d'un cadre | vérifier que cette logique est la même pour les autres cadres | pour en déduire alors le cadre manquant (qui sera bien entendu le seul à respecter la même logique).

Il n'est toutefois pas impossible que certaines séries fonctionnent sur un mode de raisonnement logique inter-cadre (exemple : on passe, cadre après cadre, d'une figure à 3 côtés à une figure à 4 côtés puis à une figure à 5 côtés. Le raisonnement logique est : « cadre après cadre la figure gagne 1 côté ») mais ce phénomène est peu courant pour des raisons liées à certaines contraintes de conception.

Exemples de séries absolument graphiques :

1.

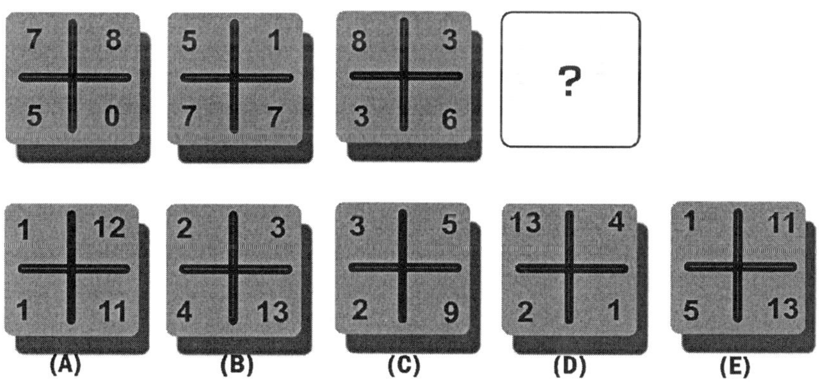

Si j'observe le premier cadre de cette série, je remarque que la somme des chiffres est égale à 20. J'émets donc rapidement l'**hypothèse** suivante : la somme des chiffres est toujours égale à 20, et ce, quel que soit le cadre de la série.

Je vérifie alors cette hypothèse et je la confirme puisqu'en effet, la somme des chiffres des second et troisième cadres est aussi égale à 20.

Conclusion : je dois trouver un cadre solution dont la somme des chiffres est égale à 20. Il s'agit de la réponse D puisque 13 + 4 + 2 + 1 = 20 !!

2.

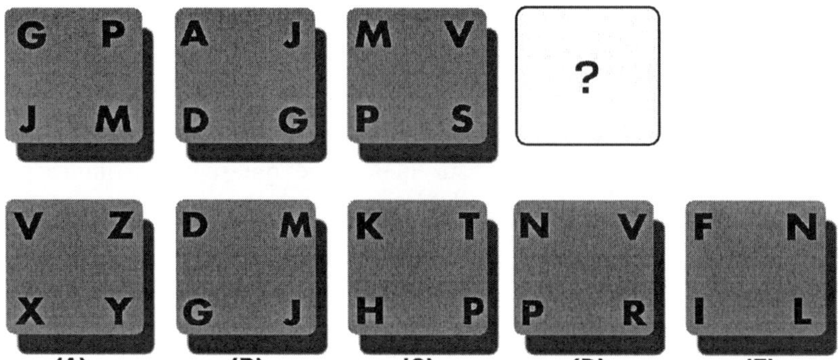

(A) (B) (C) (D) (E)

En observant les lettres du premier cadre on remarque que celles-ci se succèdent dans l'ordre logique de l'alphabet (G / J / M / P). Mais surtout, on remarque que les lettres G, J, M et P sont séparées de 2 lettres ➥ **G** *hi* **J** *kl* **M** *no* **P.**

Je fais donc l'hypothèse que les lettres des cadres de la série se succèdent dans un ordre bien précis avec un saut de 2 lettres.

L'hypothèse se vérifie sur les second et troisième cadres et j'en déduis que je dois trouver un cadre solution dans lequel les lettres s'enchaînent selon le même ordre.

Il s'agit bien entendu de la réponse B ➥ **D** *ef* **G** *hi* **J** *kl* **M**

II. LES SÉRIES GRAPHICO-SPATIALES

Nous appelons **série graphico-spatiale**, une série qui s'inscrit dans une *logique de raisonnement* (intra-cadre) ET *de mouvement* (inter-cadre).

Exemple de série graphico-spatiale :

1.

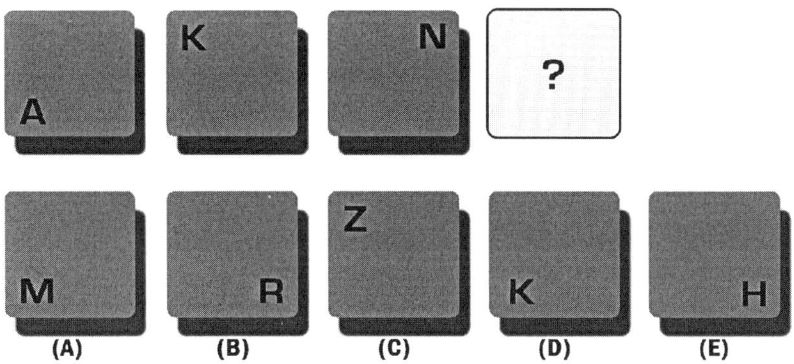

En observant les lettres des trois cadres proposés dans l'énoncé, nous remarquons que les trois lettres A, K et N sont des lettres qui s'écrivent graphiquement avec 3 barres. On en déduit donc que notre cadre solution doit également contenir une lettre à 3 barres… ce qui nous offre trois possibilités de réponse : C (lettre Z), D (lettre K) et E (lettre H)

C'est maintenant qu'intervient la notion de **mouvement.**

On remarque en effet que cadre après cadre, les lettres se déplacent dans le sens des aiguilles d'une montre. On en déduit que la lettre doit se trouver en position *sud-est* dans le cadre solution. Et c'est pour cela que nous décidons de retenir la réponse E.

Conclusion : nous avons cumulé deux contraintes. Une contrainte de raisonnement logique (la logique était que les cadres contenaient tous des lettres qui contiennent graphiquement 3 barres) et une contrainte de mouvement (cadre après cadre, les lettres se déplaçaient dans le sens des aiguilles d'une montre).

Le fait de pouvoir cumuler *raisonnement logique* et *mouvement* offre au concepteur de nombreuses possibilités de création de sujets… au grand bonheur des candidats (!?!!??!)

2.

(A) (B) (C) (D) (E)

Il y a ici alternance « rond » / « carré » et il faut donc s'attendre à trouver un carré dans le cadre solution. Ensuite la position des lettres alterne selon un mode classique droite / gauche. La lettre doit donc se retrouver à droite dans le cadre solution.

Et pour se rassurer définitivement que la bonne réponse est la réponse D, il nous suffit de remarquer que les lettres se succèdent avec un saut de 1 lettre. On passe en effet de R à T en sautant S, de T à V en sautant U et de V à X en sautant W. Et de remarquer enfin que les chiffres (dont la position alterne selon un mode classique bas / haut) perdent une unité à mesure que l'on progresse dans les cadres. Rien d'étonnant donc à ce que l'on retrouve un 4 en haut à droite (position nord-est) du cadre solution.

Ce QCM simple vous montre précisément comment il est possible de combiner *raisonnement logique* et *mouvement* au sein d'une même série.

CHAPITRE 2

SÉRIES GRAPHIQUES : ENTRAINEMENT INTENSIF

I. BATTERIE 1 : 12 QUESTIONS (1 | 12)

(1)

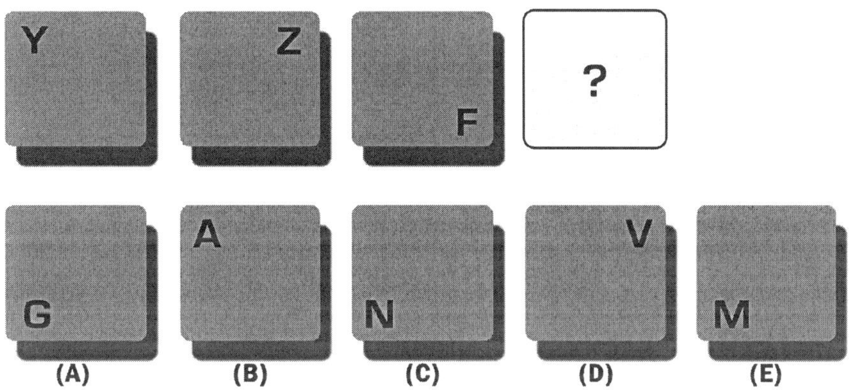

(2)

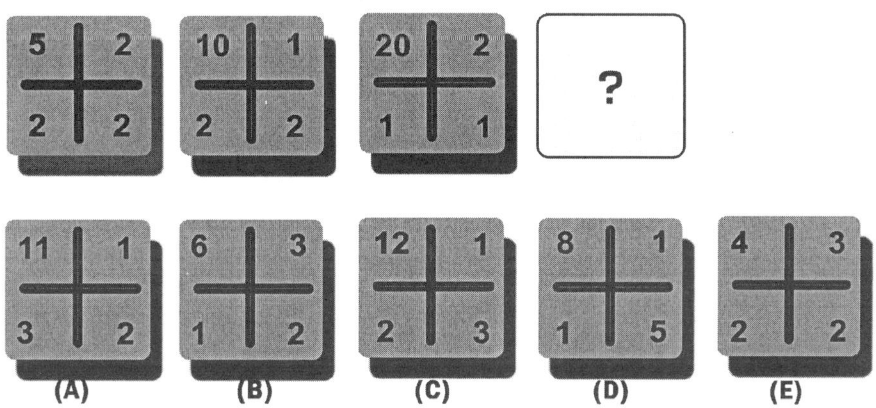

(3)

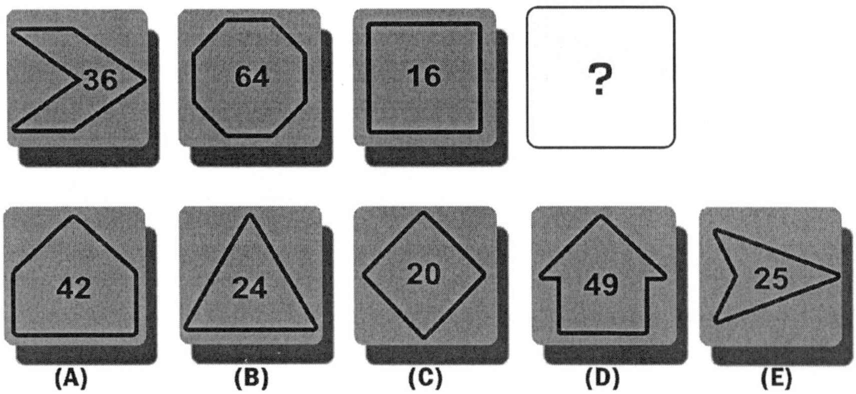
36
64
16
?
42
24
20
49
25
(A)
(B)
(C)
(D)
(E)

(4)

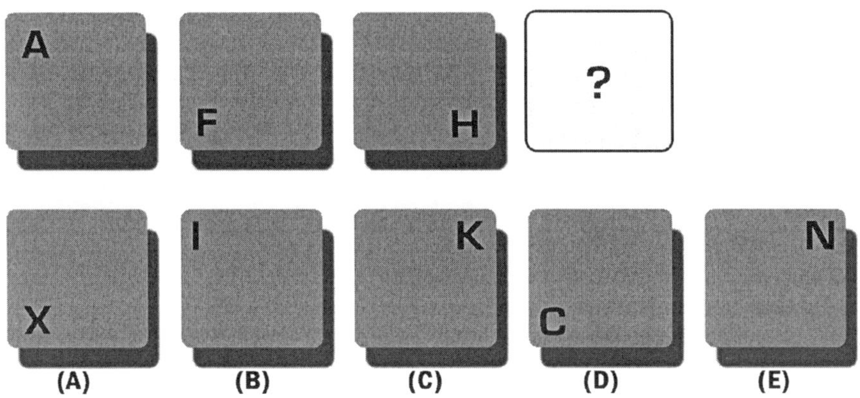
A
F
H
?
X
I
K
C
N
(A)
(B)
(C)
(D)
(E)

(5)

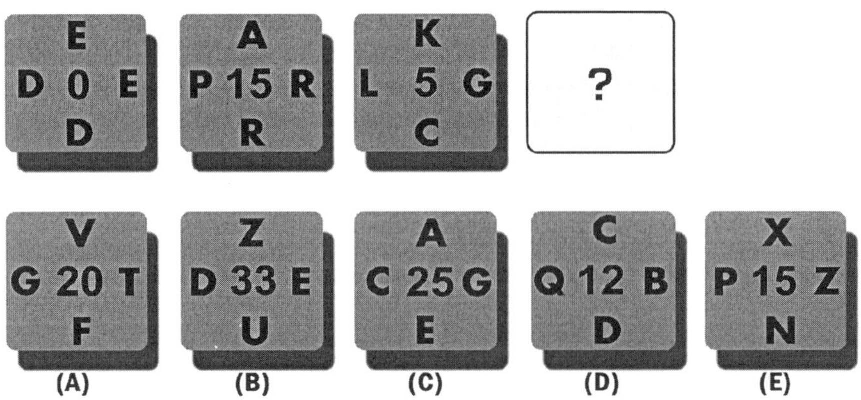
E
D 0 E
D
A
P 15 R
R
K
L 5 G
C
?
V
G 20 T
F
Z
D 33 E
U
A
C 25 G
E
C
Q 12 B
D
X
P 15 Z
N
(A)
(B)
(C)
(D)
(E)

[6]

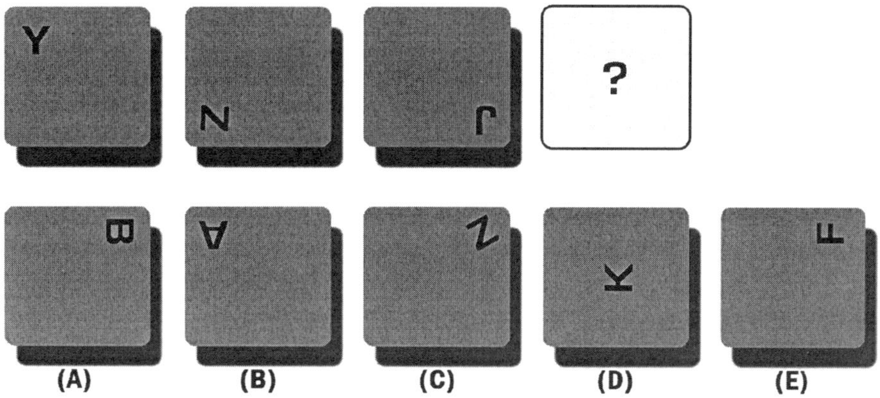
?
(A)
(B)
(C)
(D)
(E)

[7]

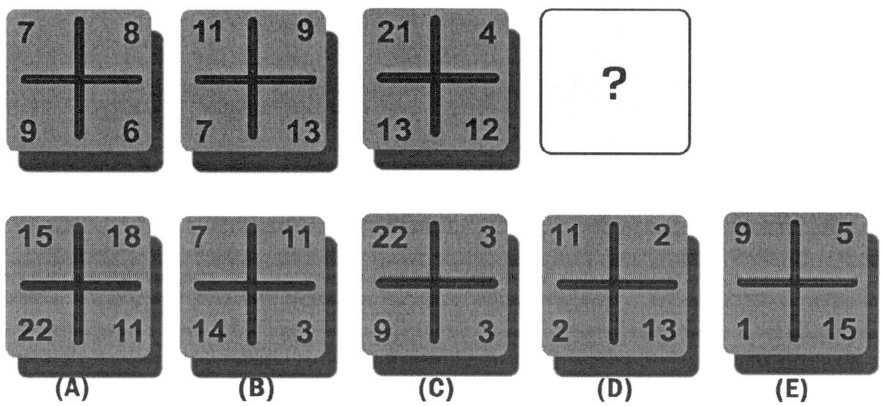
7 8 9 6
11 9 7 13
21 4 13 12
?
15 18 22 11
7 11 14 3
22 3 9 3
11 2 2 13
9 5 1 15
(A)
(B)
(C)
(D)
(E)

[8]

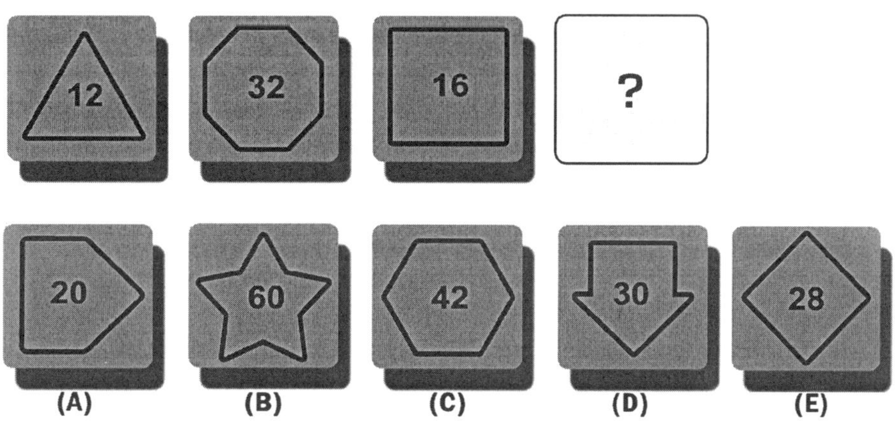
12
32
16
?
20
60
42
30
28
(A)
(B)
(C)
(D)
(E)

(9)

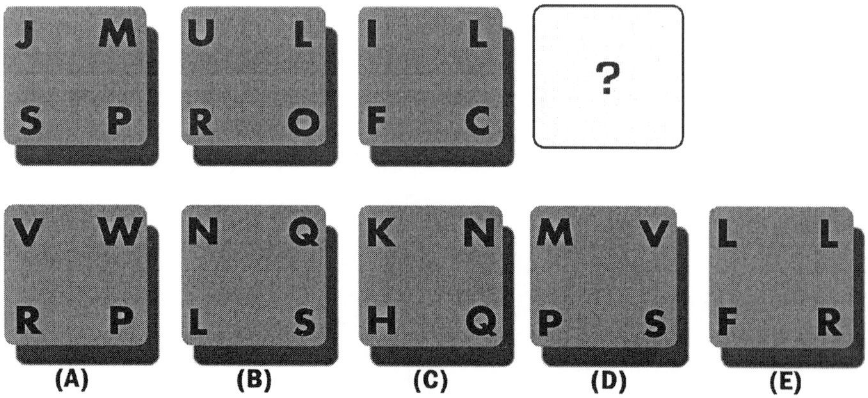
J M
S P
U L
R O
I L
F C
?
V W
R P
(A)
N Q
L S
(B)
K N
H Q
(C)
M V
P S
(D)
L L
F R
(E)

(10)

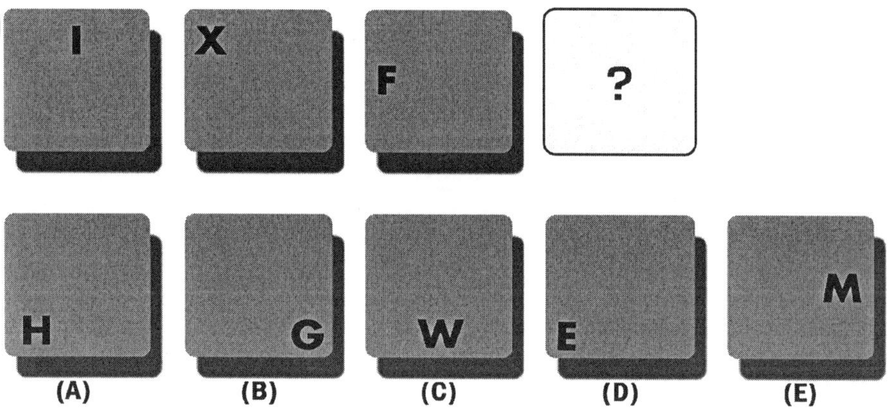
I
X
F
?
H
(A)
G
(B)
W
(C)
E
(D)
M
(E)

(11)

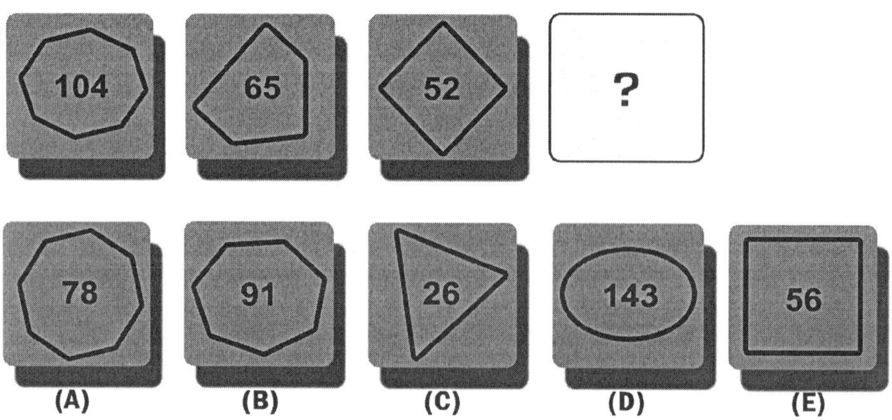
104
65
52
?
78
(A)
91
(B)
26
(C)
143
(D)
56
(E)

(12)

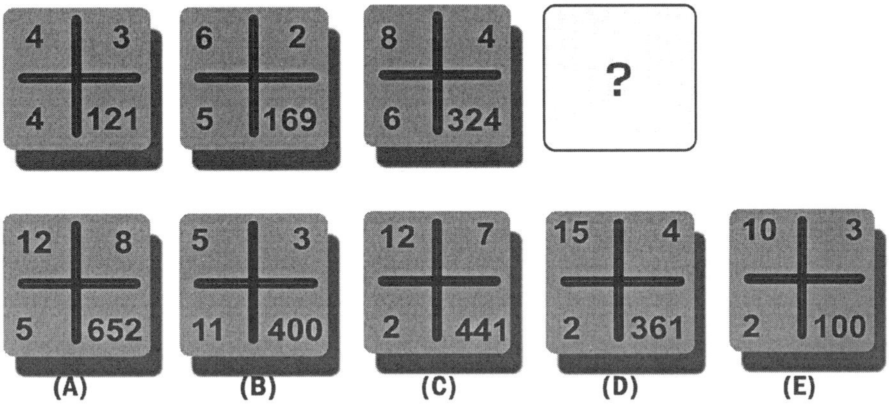
4 3 4 121
6 2 5 169
8 4 6 324
?
12 8 5 652
5 3 11 400
12 7 2 441
15 4 2 361
10 3 2 100
(A)
(B)
(C)
(D)
(E)

II. BATTERIE 1 : CORRIGÉS COMMENTÉS

1. Réponse C

↳ Les lettres Y, Z et F sont toutes trois des **lettres à 3 barres**. Il convient donc de trouver, par analogie, un élément solution qui contient une lettre à 3 barres. Les lettres A et N conviennent.

↳ Attachons-nous au mouvement à présent. Les lettres suivent le mouvement classique des aiguilles d'une montre.

↳ Il nous faut donc une lettre qui soit positionnée sud-est dans le cadre. On retient la réponse C.

2. Réponse D

↳ Le produit de tous les chiffres d'un même cadre est toujours égal à 40.
En effet : 5 × 2 × 2 × 2 = **40** ; 10 × 1 × 2 × 2 = **40** et 20 × 2 × 1 × 1 = **40**.

↳ Rien à signaler en revanche en ce qui concerne les mouvements éventuels de chiffres d'un cadre à l'autre.

↳ On garde la réponse D : 8 × 1 × 1 × 5 = **40**

Conseil : pensez à calculer la somme ou le produit des chiffres d'un même cadre ! Détectez alors si vous obtenez une somme ou un produit constant d'un cadre à l'autre.

Attention : la somme ou le produit obtenu peut parfois être croissant ou décroissant d'un cadre à l'autre (ex : somme des chiffres du premier cadre est égale à 11 ; somme des chiffres du second cadre est égale à 12 et la somme des chiffres du troisième cadre est égal à 13…)

3. Réponse D

Un grand classique des séries graphiques !
↳ Inutile de vous dire ici qu'il n'y avait absolument aucun mouvement à repérer.

Il fallait en fait trouver, une analogie entre la figure d'un cadre et le nombre qui lui était associé. Posez-vous alors la question : quel peut être le lien entre une figure composée de 6 côtés et le nombre 36… vous ne voyez toujours pas ? Et bien, 36 n'est autre que le carré de 6 !!

↳ L'analogie est donc la suivante : « le nombre associé à la figure d'un cadre est égal au carré du nombre de côtés de la figure »

↳ On garde la réponse D : la figure a 7 côtés et $7^2 = 49$.

Nota Bene: le nombre associé à une figure peut être égal au nombre de côtés de la figure élevé au carré, au cube mais encore au nombre de côtés multiplié par constante naturelle K etc. Presque tout est possible !!

4. Réponse C

↳ Les lettres A, F et H sont toutes des lettres à 3 barres.
↳ Les lettres suivent un mouvement inverse à celui des aiguilles d'une montre.

Il nous reste donc la réponse C (lettre K) et la réponse E (lettre) N. **Mais quelle réponse retenir ?**

Le tableau qui suit vous donne le nombre de barres associées à chacune des lettres de notre bel alphabet. Un trait '-' signifie que la lettre ne se prête pas au « jeu des barres ».

Bon alors… est-ce que je dois vraiment vous dire maintenant pourquoi nous allons retenir la réponse C (lettre K) ?? Bon et bien c'est assez simple à comprendre une fois qu'on a ce tableau sous le nez. La lettre A est la **première** lettre de l'alphabet à 3 barres, la lettre F est la **seconde** lettre à 3 barres, la lettre H est la **troisième** lettre à 3 barres… et la lettre K est la **quatrième** lettre à 3 barres. Voilà !

LETTRES ALPHABET & NOMBRE DE BARRES							
A	3	B	-	C	-	D	-
E	4	F	3	G	-	H	3
I	1	J	-	K	3	L	2
M	4	N	3	O	-	P	-
Q	-	R	-	S	-	T	2
U	-	V	2	W	4	X	2
		Y	3	Z	3		

5. Réponse D

Chiffres et lettres font bon ménage… ce n'est pas nouveau !
Rappel : le rang d'une lettre est égal à la position qu'elle occupe dans l'alphabet.
Ainsi, le rang de la lettre H est 8 et celui de la lettre Q est 17.
Connaissez-vous EJOTY ?

↳ Le nombre en position centrale est égal à la somme des rangs des lettres horizontales *moins* la somme des rangs des lettres verticales.

(D + E) – (E + D) = 0
(P + R) – (A + R) = P – A = 16 – 1 = 15
(L + G) – (K + C) = (12 + 7) – (11 + 3) = 5

Le bon sens nous incite à éliminer d'office les réponses A et B qui donnent évidemment un résultat négatif ainsi que la réponse C dont le nombre résultat (25) est bien trop grand au vu de la proximité des lettres C/G et A/E.

↳ On garde la réponse D : (Q + B) – (C + D) = (17 + 2) – (3 + 4) = 12.

6. Réponse A

↳ Y, Z et J sont des lettres quelconques.
↳ Mouvement original : en plus de suivre le sens des aiguilles d'une montre, nos lettres sont elles-mêmes soumises (d'un cadre à l'autre) à une rotation d'un quart de tour dans le sens inverse des aiguilles d'une montre.

Ainsi Y devient Z et Z devient J tout en subissant cette transformation.

↳ On garde la réponse A.

7. Réponse A

Un QCM assez difficile. Il fallait en effet ici opérer des calculs tout en prenant en compte une dimension de mouvement.

1er cadre : on part du nombre nord-ouest. Celui-ci est égal à la somme des nombres horizontaux qui lui sont opposés *moins* le dernier nombre qui reste.
Ainsi : **7** = (9 + 6) – 8

2nd cadre : on avance dans le sens inverse des aiguilles d'une montre et on remarque à présent que **7** = (11 + 9) – 13.

3ème cadre : on avance encore dans le sens inverse des aiguilles d'une montre et on a alors : **12** = (21 + 4) – 13

↳ Le cadre solution doit donc être tel que le nombre **nord-est** est égal à la somme des nombres opposés *moins* le nombre qui reste.

↳ La réponse A obéit à cette contrainte puisque **18** = (22 + 11) – 15

NB : on aurait également pu dire tout simplement que : « somme des nombres horizontaux supérieurs » = « somme des nombres horizontaux inférieurs ».

8. Réponse A

↳ Pour chacun des cadres, si l'on **multiplie** le nombre de côtés de la figure **par 4**, on obtient le nombre qui se trouve à l'intérieur de la figure.

Triangle : 3 côtés ➥ 3 × **4** = 12
Octogone : 8 côtés ➥ 8 × **4** = 32
Etc.

↳ On garde la réponse A dont la figure est composée de 5 côtés et… 5 × **4** = 20 !!!

9. Réponse C

1er élément : on part de la lettre J et on lit dans le sens des aiguilles d'une montre la séquence **J / M / P / S** soit une succession de lettres dans l'alphabet avec un saut effectif de 2 lettres ➥ **J** *kl* **M** *no* **P** *qr* **S**

2nd élément : on part à présent de la lettre L et on lit toujours dans le sens des aiguilles d'une montre la séquence **L / O / R / U** ➥ **L** *mn* **O** *pq* **R** *st* **U**

3ème élément : on part de la lettre C… **C / F / I / L** ➥ **C** *de* **F** *gh* **I** *jk* **L**

Vous aurez naturellement remarqué que la lettre qui **initie** la séquence (J pour le premier cadre, L pour le second et C pour le troisième) avance elle-même dans le sens des aiguilles d'une montre.

➥ On garde la réponse C

10. Réponse D

Un joli QCM…

➥ La première lettre (I) est une lettre à 1 barre, la seconde (X) est une lettre à 2 barres et la troisième (F) une lettre à 3 barres.

Nous sommes donc face à une situation où le nombre de barres augmente (d'une barre) au fur et à mesure que l'on passe d'un cadre à l'autre.

On doit donc naturellement trouver une solution avec une lettre à 4 barres.

➥ On ajoute à cela une contrainte de mouvement avec déplacement frontalier d'une demi longueur dans le sens inverse des aiguilles d'une montre.

➥ On garde la réponse D

11. Réponse E

➥ Le nombre qui se trouve à l'intérieur d'une figure est égal au nombre de côtés de la figure multiplié par 13.

➥ On garde la réponse B (7 côtés et $7 \times 13 = 91$!!!)

12. Réponse C

↳ Le nombre sud-est est égal au carré de la somme de tous les autres nombres qui composent l'élément :

$121 = (4 + 4 + 3)^2 = 11^2$
$169 = (6 + 5 + 2)^2 = 13^2$
$324 = (8 + 4 + 6)^2 = 18^2$

↳ On garde la réponse C ($441 = (12 + 7 + 2)^2 = 21^2$

<u>Un petit rappel sur les carrés et cubes classiques :</u>

	Carrés	Cubes
1	1	1
2	**4**	**8**
3	9	27
4	**16**	**64**
5	25	125
6	**36**	**216**
7	49	343
8	**64**	**512**
9	81	729
10	**100**	**1000**
11	121	1331
12	**144**	**1728**
13	169	
14	**196**	
15	225	
16	**256**	
17	289	
18	**324**	
19	361	
20	**400**	
21	441	
22	**484**	
23	529	
24	**576**	
25	625	

III. BATTERIE 2 : 12 QUESTIONS (13 | 24)

<u>**Consignes : résoudre les 12 QCM qui suivent en un maximum de 9 minutes.**</u>

Conseil : Pensez à appliquer toutes les règles que vous avez étudiées dans les corrigés commentés de la batterie 1. Ne cherchez pas à improviser à tout prix. Essayez toujours de vous rattacher à ce que vous avez déjà compris. Vous pourrez ainsi construire votre raisonnement sur des bases solides d'un point de vue logique.

« Comprendre, c'est compliquer. C'est enrichir en profondeur. » - Lucien Febvre.

Et bien, n'ayez jamais peur de comprendre !

(13)

(A) (B) (C) (D) (E)

(14)

(A) (B) (C) (D) (E)

(15)

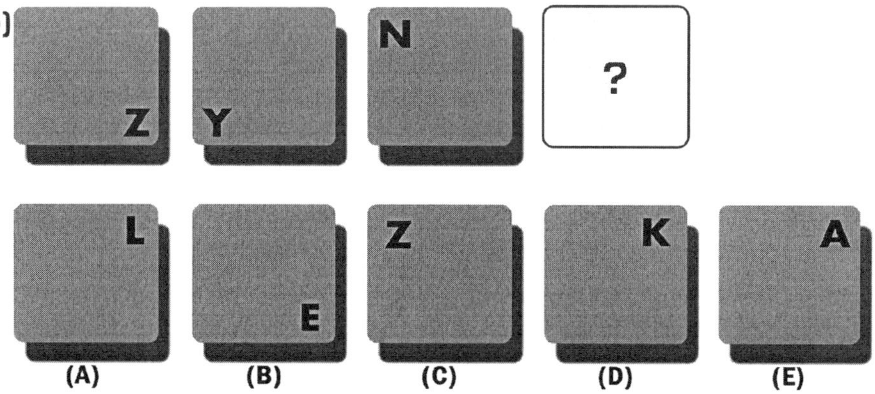
Z
Y
N
?
L
E
Z
K
A
(A)
(B)
(C)
(D)
(E)

(16)

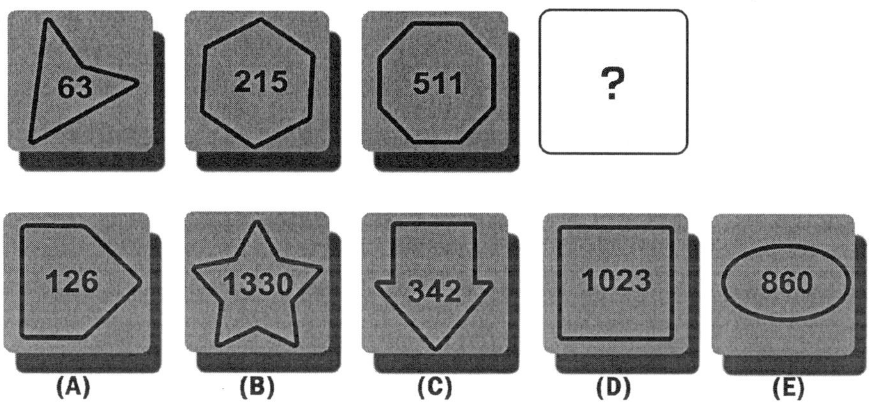
63
215
511
?
126
1330
342
1023
860
(A)
(B)
(C)
(D)
(E)

(17)

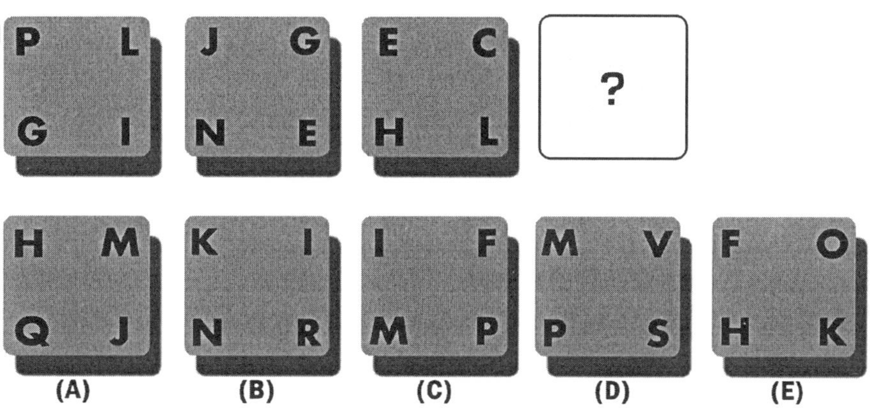
P L G I
J G N E
E C H L
?
H M Q J
K I N R
I F M P
M V P S
F O H K
(A)
(B)
(C)
(D)
(E)

(18)

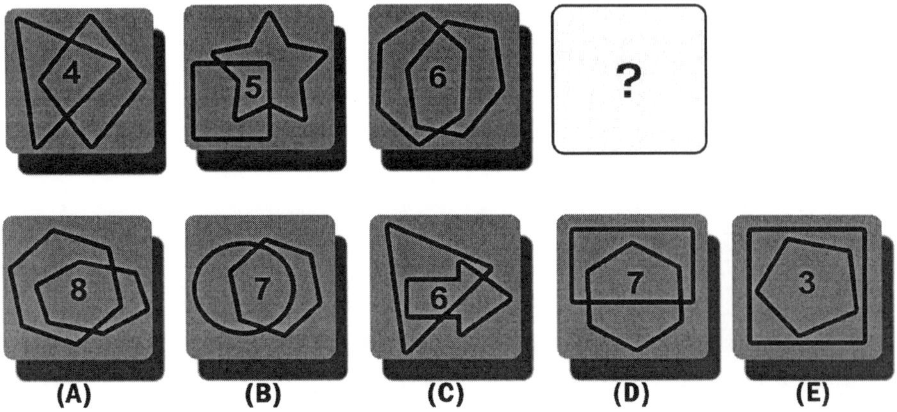
4
5
6
?
8
7
6
7
3
(A)
(B)
(C)
(D)
(E)

(19)

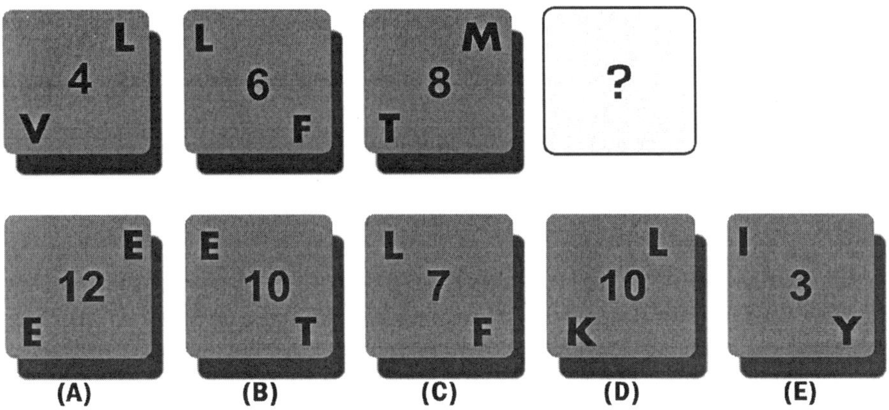
L
4
V
L
6
F
M
8
T
?
E
12
E
E
10
T
L
7
F
L
10
K
I
3
Y
(A)
(B)
(C)
(D)
(E)

(20)

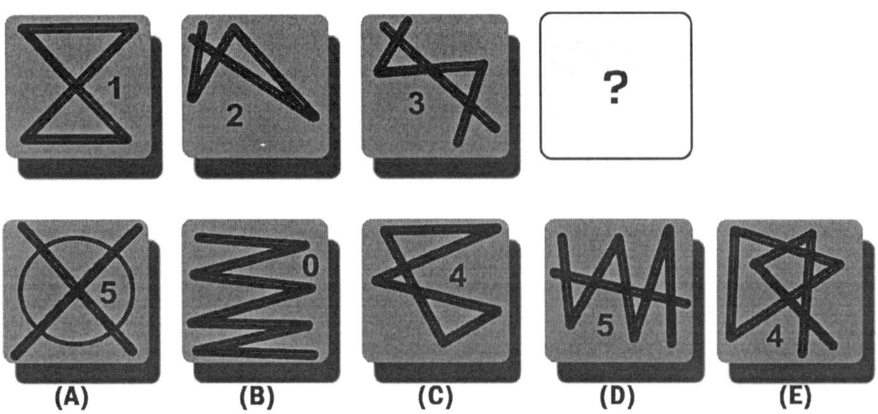
1
2
3
?
5
0
4
5
4
(A)
(B)
(C)
(D)
(E)

(21)

(A) (B) (C) (D) (E)

(22)

(A) (B) (C) (D) (E)

(23)

(A) (B) (C) (D) (E)

(24)

29 13 6 10
11 17 2 4
7 2 24 33
?

1 28 37 8
19 12 34 14
32 2 24 6
19 41 10 12
43 12 27 5

(A) (B) (C) (D) (E)

IV. BATTERIE 2 : CORRIGÉS COMMENTÉS

13. Réponse B

↳ Le produit des nombres diagonaux « nord-ouest | sud-est » *moins* le produit des nombres diagonaux « nord-est | sud-ouest » est toujours égal à 10.

15 × 6 = 90 ; 8 × 10 = 80 et 90 – 80 = **10.**
61 × 2 = 122 ; 28 × 4 = 112 et 122 – 112 = **10.**
14 × 12 = 168 ; 2 × 79 = 158 et 168 – 158 = **10.**

↳ On garde la réponse B (5 × 19 = 95 ; 85 × 1 = 85 et 95 – 85 = **10**)

14. Réponse B

Un QCM intéressant.

↳ Le nombre qui se trouve à l'intérieur de la figure est égal au **nombre de côtés de la figure élevé au carré** auquel on a **rajouté 1**.

26 = $\mathbf{5}^2 + 1$
17 = $\mathbf{4}^2 + 1$
50 = $\mathbf{7}^2 + 1$

↳ On garde la réponse B : octogone ➥ 8 côtés. Soit $8^2 + 1 = 64 + 1 = 65$!!

15. Réponse D

↳ Z, Y et N sont des lettres à 3 barres.

↳ Mouvement classique dans le sens des aiguilles d'une montre.

↳ Z est la dernière lettre de l'alphabet avec 3 barres ; Y l'avant dernière ; N l'antépénultième… la prochaine lettre sur la liste est donc **K** (et non A…)

16. Réponse C

Le nombre qui se trouve à l'intérieur de la figure est égal au **nombre de côtés de la figure élevé au cube** auquel on a **soustrait 1**.

$63 = 4^3 - 1$
$215 = 6^3 - 1$
$511 = 8^3 - 1$

↳ On garde la réponse C : 7 côtés ➥ $7^3 - 1 = 342$

17. Réponse E

1er cadre : partons de la lettre G et lisons la séquence dans le sens des aiguilles d'une montre. Cela donne : G / I / L / P. Il s'agit là d'une séquence de lettres qui se suivent dans l'alphabet avec un saut progressif de lettres (+1, +2 et +3).
G *h* **I** *jk* **L** *mno* **P**

2nd cadre : on part cette fois-ci de la lettre **E**. Cela donne E / G / J / N.
E *f* **G** *hi* **J** *klm* **N**

3ème cadre : on part de la lettre C. Cela donne C / E / H / L.
C *d* **E** *fg* **H** *ijk* **L**

Vous aurez remarqué que la lettre qui **initie** la séquence (G pour le 1er cadre, E pour le second et C pour le troisième) avance elle-même dans le sens des aiguilles d'une montre.

↳ C'est pour cela que l'on garde la réponse E : on part en effet de la lettre F et cela donne la séquence F / H / K / O ➥ **F** *g* **H** *ij* **K** *lmn* **O**

18. Réponse C

Il s'agit là d'un vrai test d'observation.
↳ Le croisement des deux figures donne naissance à une troisième figure (hybride) dont le nombre de côtés est précisément égal au chiffre qui se trouve à l'intérieur de cette nouvelle figure.

↳ C'est la réponse C puisque la figure issue du croisement du triangle et de la flèche donne une figure hybride composée de 6 côtés.

19. Réponse E

↳ Mouvement classique (alternance diagonale ascendante / diagonale descendante)

↳ Le chiffre qui se trouve au centre des cadres de la série est égal au **produit** des barres des lettres.

L × V = 2 × 2 = **4**
L × F = 2 × 3 = **6**
M × T = 4 × 2 = **8**

↳ C'est la réponse E. En effet, le produit des barres des deux lettres I et Y est égal à 1 × 3 = 3 !!

20. Réponse B

Là encore une question d'observation.
↳ Le chiffre qui figure dans les cadres de la série est égal **au nombre de points d'intersections.**

↳ C'est donc la réponse B (aucun point d'intersection d'où le chiffre 0)

21. Réponse E

↳ Le nombre qui se trouve au centre de la figure est égal au **produit du nombre de côtés** de la figure **par** la constante **3**.

1er cadre : étoile à 10 côtés ➥ 10 × **3** = 30.
2nd cadre : octogone / 8 côtés ➥ 8 × **3** = 24.
3ème cadre : hexagone / 6 côtés ➥ 6 × **3** = 18.

↳ C'est donc la réponse E : flèche à 7 côtés ➥ 7 × **3** = 21.

22. Réponse B

↳ L, X et T sont des lettres à deux barres.
↳ Mouvement classique dans le sens inverse des aiguilles d'une montre.

↳ Réponse B : la lettre V a deux barres et est bien à sa place !

23. Réponse D

Ouvrez grand les yeux !

1er cadre :
Diagonale ascendante : **1** barre
Diagonales descendantes : *2* barres

2nd cadre :
On alterne…
Diagonales descendantes : **2** barres
Diagonales ascendantes : *3* barres

3ème cadre :
On alterne de nouveau…
Diagonales ascendantes : **3** barres
Diagonales descendantes : *4* barres

Le 4ème cadre doit donc contenir :
Diagonales descendantes : **4** barres
Diagonales ascendantes : *5* barres

↳ C'est donc la réponse D

24. Réponse A

↳ Un des nombres du cadre est égal à la somme des autres nombres.
29 = 13 + 10 + 6
17 = 11 + 2 + 4
33 = 24 + 2 + 7

↳ Vous aurez remarqué que les nombres **29**, **17** et **33** avancent dans le sens des aiguilles d'une montre.

↳ On garde la réponse A : **37** = 1 + 28 + 8

V. BATTERIE 3 : 12 QUESTIONS (25 | 36)

<u>**Consignes : résoudre les 12 QCM qui suivent en un maximum de 9 minutes.**</u>

Accrochez-vous ! Il s'agit ici de la dernière ligne droite.

Essayez comme toujours de raisonner par analogie. Le raisonnement par analogie représente le fondement même de la logique.

Demandez-vous donc toujours quel peut être ce lien irrésistible qui unit les cadres d'une même série.

(25)

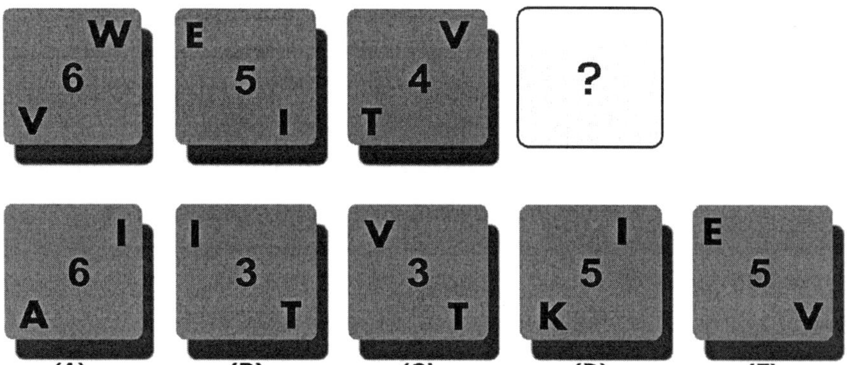

(A) (B) (C) (D) (E)

(26)

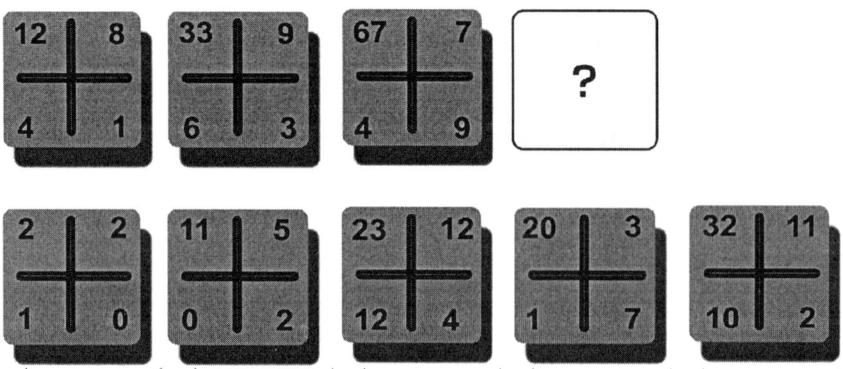

(A) (B) (C) (D) (E)

(27)

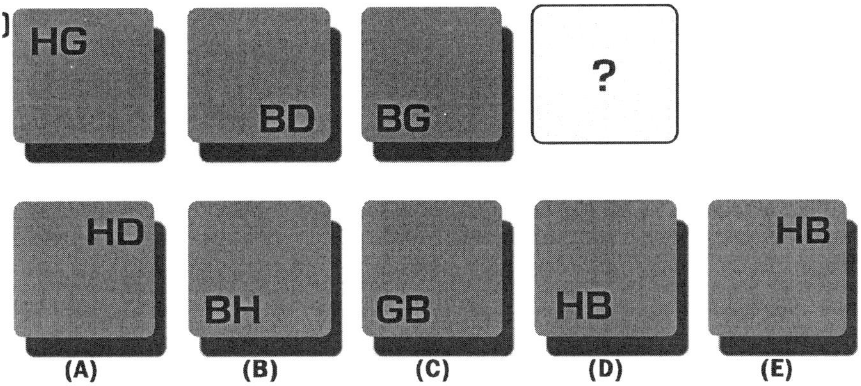
HG
BD
BG
?
HD
BH
GB
HB
HB
(A)
(B)
(C)
(D)
(E)

(28)

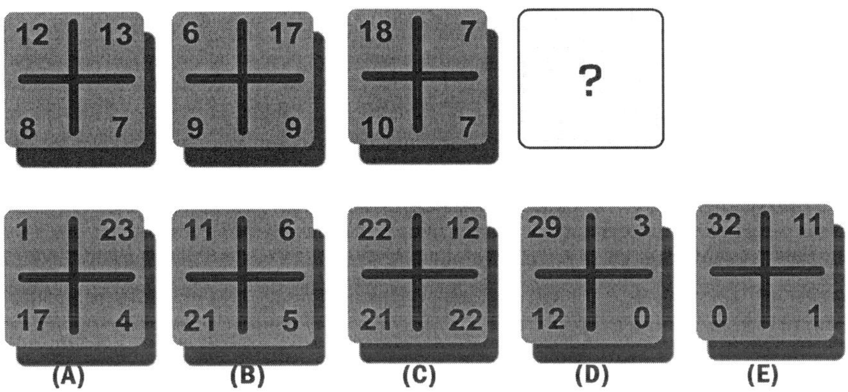
12 13 8 7
6 17 9 9
18 7 10 7
?
1 23 17 4
11 6 21 5
22 12 21 22
29 3 12 0
32 11 0 1
(A)
(B)
(C)
(D)
(E)

(29)

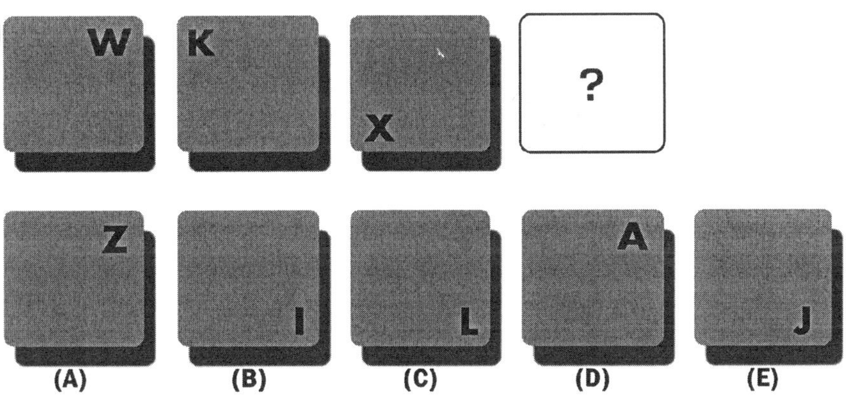
W
K
X
?
Z
I
L
A
J
(A)
(B)
(C)
(D)
(E)

(30)

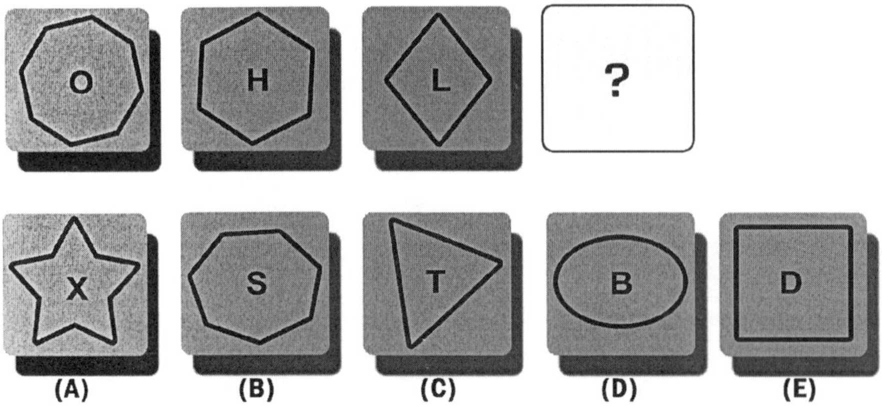
O
H
L
?
X
S
T
B
D
(A)
(B)
(C)
(D)
(E)

(31)

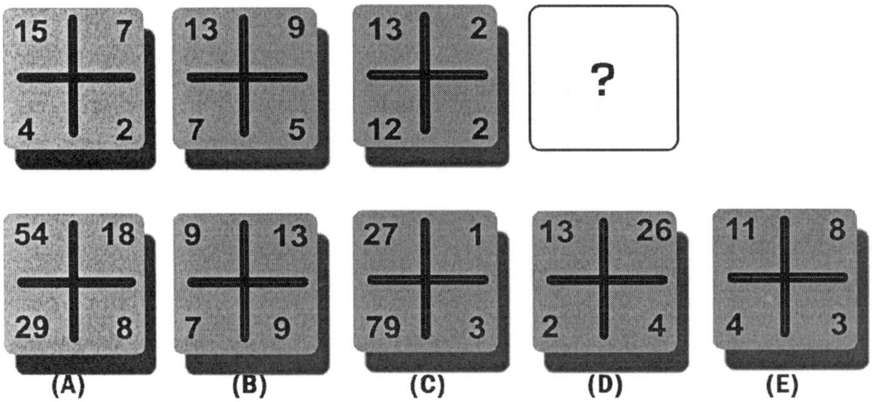
15 7 4 2
13 9 7 5
13 2 12 2
?
54 18 29 8
9 13 7 9
27 1 79 3
13 26 2 4
11 8 4 3
(A)
(B)
(C)
(D)
(E)

(32)

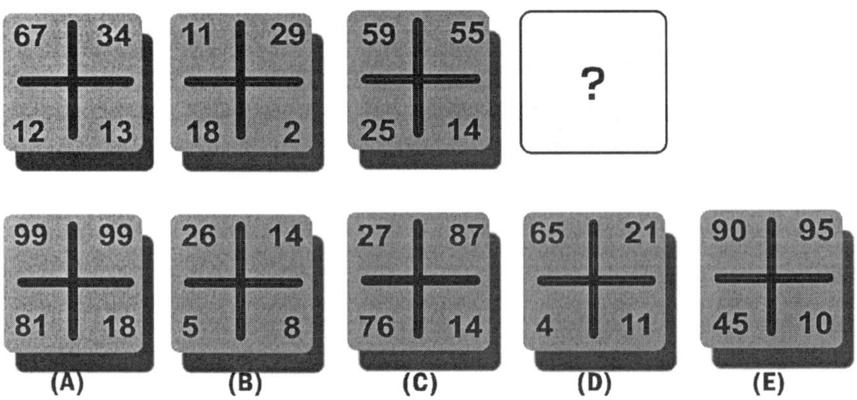
67 34 12 13
11 29 18 2
59 55 25 14
?
99 99 81 18
26 14 5 8
27 87 76 14
65 21 4 11
90 95 45 10
(A)
(B)
(C)
(D)
(E)

(33)

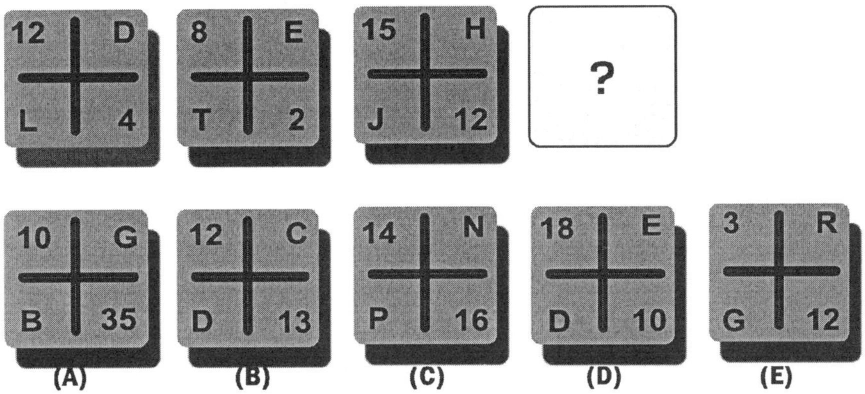
12 D L 4
8 E T 2
15 H J 12
?
10 G B 35
(A)
12 C D 13
(B)
14 N P 16
(C)
18 E D 10
(D)
3 R G 12
(E)

(34)

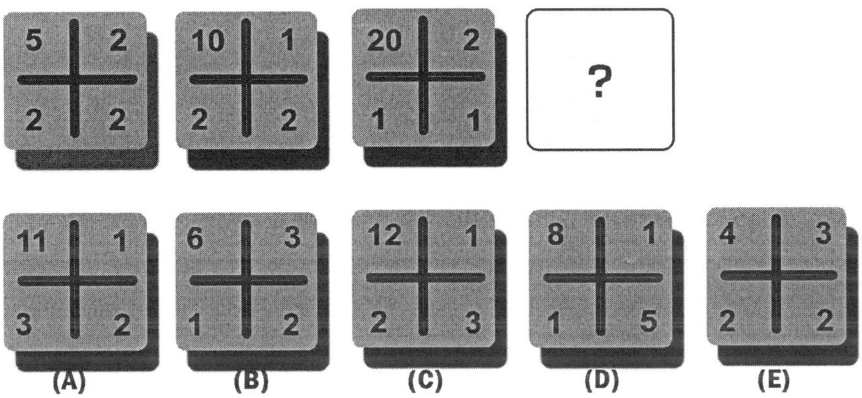
5 2 2 2
10 1 2 2
20 2 1 1
?
11 1 3 2
(A)
6 3 1 2
(B)
12 1 2 3
(C)
8 1 1 5
(D)
4 3 2 2
(E)

(35)

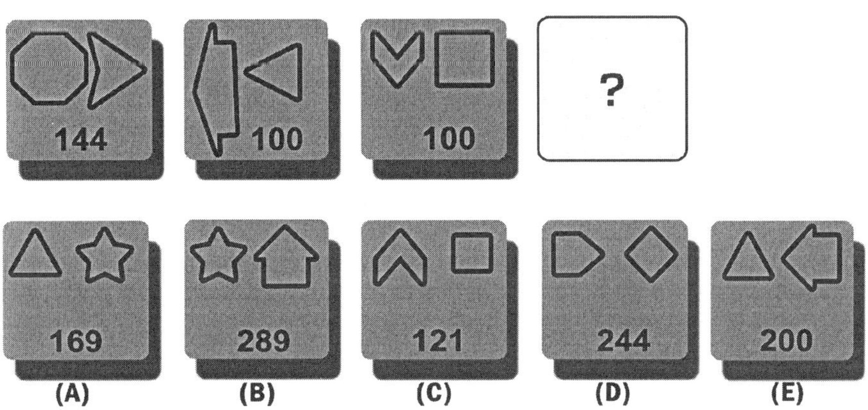
144
100
100
?
169
(A)
289
(B)
121
(C)
244
(D)
200
(E)

(36)

(A) (B) (C) (D) (E)

VI. BATTERIE 3 : CORRIGÉS COMMENTÉS

25. Réponse B

↳ Le chiffre qui se trouve au centre du cadre est égal à la **somme** des barres des lettres.

W + V = 4 + 2 = 6 barres.
E + I = 4 + 1 = 5 barres.
V + T = 2 + 2 = 4 barres.

↳ Alternance classique diagonale ascendante / diagonale descendante.

↳ On garde la réponse B (I + T = 1 + 2 = 3 barres.)

26. Réponse E

↳ On peut voir les choses de deux façons ici :

1. Le nombre nord-ouest est égal au **produit** des nombres nord-est et sud-est **auquel on ajoute** le nombre sud-ouest.

2. Mais l'on peut tout aussi bien dire que si l'on **divise** le nombre nord-ouest par le nombre nord-est alors on obtient le **quotient** de cette division (qui est le nombre sud-est) ainsi que le **reste** de cette même division (qui est le nombre sud-ouest.)

Illustrations :

$12 = 8 \times 1 + 4$
12 / 8 donne un quotient égal à 1 et un reste égal à 4.

$33 = 9 \times 3 + 6$
33 / 9 donne un quotient égal à 3 et un reste égal à 6.

$67 = 7 \times 9 + 4$
67 / 7 donne un quotient égal à 9 et un reste égal à 4.

↳ On garde la réponse E (**32 / 11** donne un quotient égal à **2** et un reste égal à **10**.)

27. Réponse A

↳ H est ici l'initiale de « Haut » ; B est l'initiale de « Bas » ; G est l'initiale de « Gauche » et D l'initiale de « Droit ».

Tout devient alors très logique puisque le sigle **HG** se trouve effectivement en **H**aut à **G**auche du cadre ; le sigle **BD** se trouve en **B**as à **D**roite du cadre et le sigle **BG** se trouve en **B**as à **G**auche.

↳ Le seul cadre qui « joue le jeu » est celui de la réponse A (le sigle **HD** est effectivement en Haut à Droite du cadre.)

28. Réponse B

Une série assez difficile !

↳ La somme des chiffres du premier cadre est égale à **40** ; celle du second cadre est égale à **41** et celle du troisième cadre enfin est égale à **42**. Il s'agit donc ici d'une **somme croissante**.

Je vous laisse deviner quelle doit être la somme des chiffres du cadre suivant…

↳ Il s'agit bien entendu de la réponse B (11 + 6 + 21 + 5 = **43** !!!)

Conseil : premier réflexe quand vous ne voyez rien… additionnez les chiffres/nombres qui figurent dans vos cadres !

29. Réponse B

↳ Vous commencez à connaître la musique par cœur : **W** est composé de **4** barres, **K** de **3** barres, **X** de **2** barres… il nous faut donc un cadre solution qui contient une lettre à **1** barre. Et la seule et unique lettre de l'alphabet à 1 barre est I ↳ Réponse B

↳ Mouvement classique dans le sens inverse des aiguilles d'une montre… cela confirme donc parfaitement notre décision (la lettre I est à sa place !)

30. Réponse C

Un très joli QCM…

Et tout d'abord bravo à ceux qui en sont venus à bout !

Il fallait en fait voir ici que la lettre qui se trouve à l'intérieur de la figure n'est rien d'autre que l'**initiale** du nom que porte la figure.

Ainsi a-t-on la lettre **O** pour **O**ctogone, **H** pour **H**exagone, **L** pour **L**osange.

↳ On garde la réponse C (**T** pour **T**riangle bien sûr !)

Voici une petite liste de noms de figures géométriques :

Carré / Rectangle / Triangle / Trapèze / Losange / Parallélogramme / Disque ou Cercle / Ellipse / Cube / Parallélépipède / Sphère / Cylindre

31. Réponse B

↳ Le produit des nombres de la diagonale descendante *moins* le produit des nombres de la diagonale ascendante donne toujours 2.

(15 × 2) – (7 × 4) = 30 – 28 = **2**
(13 × 5) – (9 × 7) = 65 – 63 = **2**
(13 × 2) – (12 × 2) = 26 – 24 = **2**

↳ On garde la réponse C puisque (27 × 3) – (1 × 79) = 81 – 79 = **2** !!

32. Réponse A

↳ La **somme** des chiffres du nombre nord-ouest est égale au nombre qui lui est diamétralement opposé (i.e. le nombre sud-est) :

67 ➥ 6 + 7 = **13**.

↳ Le **produit** des chiffres du nombre <u>nord-est</u> est égal au nombre qui lui est diamétralement opposé (i.e. le nombre <u>sud-ouest</u>) :

34 ↪ 3 × 4 = **12**.

Vous pouvez vérifier ces deux critères sur les second et troisième cadres de la série.

↳ On garde la réponse A (9 + 9 = 18 et 9 × 9 = 81).

33. Réponse A

↳ Le **produit** des deux éléments horizontaux *supérieurs* (nombre × rang de la lettre) est égal au **produit** des deux éléments horizontaux *inférieurs* (nombre × rang de la lettre)

12 × D = 12 × 4 = **48** / L × 4 = 12 × 4 = **48**
8 × E = 8 × 5 = **40** / T × 2 = 20 × 2 = **40**
15 × H = 15 × 8 = **120** / J × 12 = 10 × 12 = **120**

↳ On garde la réponse A (10 × G = 10 × 7 = **70** et B × 35 = 2 × 35 = **70**)

34. Réponse D

↳ Le **produit** de tous les chiffres/nombres d'un même cadre est **constant** : ce produit est en effet toujours égal à **40**.

5 × 2 × 2 × 2 = **40**
10 × 1 × 2 × 2 = **40**
20 × 2 × 1 × 1 = **40**

↳ On garde la réponse D (8 × 1 × 5 × 1 = **40** !!)

35. Réponse B

Un QCM qui sollicite de nouveau votre sens de l'observation.

↳ Un cadre est composé ici de 2 figures et d'un nombre. Et bien ce nombre est toujours égal au **carré de la somme** des côtés des deux figures.

1er cadre :
8 côtés + 4 côtés = 12 côtés ➥ $12^2 = 144$

2nd cadre :
7 côtés + 3 côtés = 10 côtés ➥ $10^2 = 100$
Etc.

↳ On garde la réponse B (10 côtés pour l'étoile ; 7 côtés pour la flèche ➥ 10 + 7 = 17 et $17^2 = 289$… apprenez parfaitement vos carrés !!!)

36. Réponse A

Je ne suis pas du genre à garder le meilleur pour la fin. Ce QCM n'était pas trop difficile.

↳ Le **produit** de tous les chiffres/nombres d'un même cadre est **constant** : ce produit est effectivement toujours égal à 60.

5 × 6 × 1 × 2 = **60**
4 × 3 × 5 × 1 = **60**
2 × 2 × 1 × 15 = **60**

↳ On garde la réponse A (12 × 1 × 1 × 5 = **60**)

DEUXIEME PARTIE

SÉRIES DOUBLES

CHAPITRE 1

SÉRIES DOUBLES DE CHIFFRES : PERFECTIONNEMENT MÉTHODOLOGIQUE

Les séries doubles se retrouvent aux Tests TAGE-MAGE, TAGE 2 mais également aux Tests ESSEC ou encore aux Tests de Logique SÉSAME...

L'épreuve de séries doubles est une épreuve difficile que les étudiants peinent à terminer. Et c'est dommage ! Car s'il y a bien une épreuve dont on peut venir à bout pour accumuler un maximum de points précieux, c'est bien l'épreuve de séries doubles. Mais pour cela il vous faut toujours plus de méthodes, toujours plus de techniques et bien sûr, toujours plus d'entraînement !

En travaillant sur les séries doubles des ouvrages *Les épreuves de logique et de mathématiques aux concours des Ecoles de commerce* et *Les tests d'aptitude à l'entrée des Ecoles de gestion* (même édition, même auteur) vous avez pu expérimenter une méthode, des techniques et des astuces qui vous ont permis de développer des réflexes d'approche très efficaces.

Seulement, l'épreuve de Logique | séries doubles a subi ces derniers temps un petit lifting qui n'est pas pour déplaire puisqu'il exige des candidats de déployer - en plus des méthodes que vous avez déjà expérimentées - de nouvelles techniques d'approche inventives et, disons-le, assez originales.

Je vous propose donc dans ce chapitre un perfectionnement méthodologique basé **une méthode de résolution en 3 étapes**, moderne et ultra-efficace, qui devrait vous permettre de venir à bout de **tous** les QCM de séries doubles.

> Etape 1 : **la RADAR ATTITUDE** : une étape indispensable qui permet d'éliminer rapidement certains critères et qui, surtout, ne demande aucun effort !
>
> Etape 2 : **DÉJOUER LES MULTIPLES** : une étape essentielle. C'est souvent à l'issue de cette étape que se joue votre série.
>
> Etape 3 : **SÉPARER POUR MIEUX RÉGNER** : une étape originale et inventive, au cours de laquelle votre sens de l'observation est largement sollicité. Cette étape doit vous permettre de venir enfin à bout de vos séries, si cela n'a pas déjà été fait à l'issue des étapes 1 ou 2.

I. ÉTAPE 1 : LA RADAR ATTITUDE

La **RADAR ATTITUDE** ne demande pratiquement **aucun effort**.

Tel un radar, vous devez **screener** vos séries et déceler en un coup d'œil ce que les éléments de chacune des séries ont en commun.

Pour ce faire, vous devez tout simplement appliquer de façon active et totalement arbitraire les critères qui suivent. Et vous n'avez donc absolument aucune « question métaphysique » à vous poser.

ATTENTION : les critères suivants sont classés par ordre croissant d'importance.

1. Repérer les chiffres communs.

Critère très simple : vous devez repérer s'il existe des chiffres communs aux différents éléments de votre série (horizontale ou verticale).

Notez que ce critère est rarement suffisant et il faudra parfois chercher un second critère qui viendra compléter - voire annuler - celui-ci.

Exemples :

A. 367 871 177 970

➥ Le chiffre 7 apparaît dans *tous* les éléments de cette série. Il faut donc chercher une solution qui contient un chiffre 7.

B. 2612 1006 9861 1762

➥ Les chiffres 1 et 6 figurent dans *tous* les éléments de cette série. Il faut donc chercher une solution qui contient ces deux chiffres.

2. Repérer les successions de chiffres.

Ce critère est assez contraignant et c'est d'ailleurs pour cela qu'il est souvent suffisant. Vous devez en effet repérer si des chiffres se suivent d'une façon ou d'une autre dans les éléments qui composent votre série.

Exemples :

A. 357 579 135 468

➥ Les chiffres de tous les éléments qui composent cette série se suivent (avec un saut de 1 chiffre entre chaque chiffre bien sûr).

Nous parlerons dans ce cas de **succession classique intra élément** (intra élément signifie que la succession s'exécute **au sein même de l'élément.**)

B. 210 543 987 765

➥ Les chiffres de tous les éléments qui composent cette série se suivent de droite à gauche.

Nous parlerons ici de **succession inverse intra élément.**

C. 524 138 746 950

➥ Si l'on se concentre sur les seconds chiffres des éléments de cette série, on remarque que ces chiffres se suivent (du premier au dernier élément : 2, 3, 4 et 5)

Nous parlerons ici de **succession classique inter élément** (inter élément signifie ici que la succession s'exécute **entre les éléments de la série.**)

D. 129 137 345 803

➥ Les troisièmes chiffres des éléments de cette série se suivent 'à l'envers' avec saut d'un chiffre (du premier au dernier élément : 9, 7, 5 et 3)

Nous parlerons ici de **succession inverse inter élément.**

E. 722 603 514 405

➥ Les premiers chiffres des éléments se suivent 'à l'envers' (7, 6, 5 et 4), tandis que les troisièmes se suivent de façon classique (2, 3, 4 et 5.)

Nous parlerons ici de **succession croisée inter élément.**

3. Repérer les sommes et les produits.

Encore un critère très simple à déceler : il s'agit ici de faire la somme ou le produit des chiffres des éléments de la série et de remarquer si les sommes ou produits sont égaux (voire progressifs pour la somme – exemple C).

Exemples :

A. 415 721 226 352

➥ La somme des chiffres de chacun des éléments de cette série est toujours égale à 10. Il faudra donc trouver en solution un nombre dont la somme des chiffres est également égale à 10.

B. 46 243 2232 38

↪ Si vous faîtes le produit des chiffres de chacun des éléments de cette série, vous remarquez que ce produit est toujours égal à 24.

C. 224 351 505 911

↪ La somme des chiffres du premier élément est égale à 8, celle du second élément est égale à 9, celle du troisième à 10 et celle du dernier à 11. On dit que ces sommes sont progressives (8, 9, 10 et 11.)

4. Repérer les carrés.

Ce critère important exige que vous connaissiez **parfaitement** vos carrés des nombres entiers compris en 1 et 20. Ceux qui ont déjà travaillé *Les épreuves de logique et de mathématiques aux concours des Ecoles de commerce (mêmes éditions, même auteur)* en savent quelque chose... Inutile donc de vous dire que vous devez repérer au premier coup d'œil que 324 est le carré de 18 ou que 169 est le carré de 13.

Exemples :

A. 81 900 36 361

↪ Vous reconnaissez bien sûr une série dont les éléments sont des carrés de nombres entiers. Il était très simple de reconnaître que 900 était le carré de 30 puisque 9 est le carré de 3.

B. 864 12144 11121 416

↪ Vous reconnaissez là encore une série dont les éléments sont des carrés de nombres entiers à la différence près que l'on vous indique le nombre que l'on met au carré. Ainsi : 864 se lit 8 et 64 ou encore '8 au carré donne 64'. Idem pour 12144 : on a 12 et 144 et 12 au carré donne 144.

5. Repérer les cubes.

Ce critère est également important et il exige que vous connaissiez **parfaitement** vos cubes des nombres entiers compris en 1 et 11.

Exemples :

A. 729 8000 1000 64

↪ On reconnaît une série d'éléments qui sont tous des cubes de nombres entiers.

B. 327 5125 9729 464

➥ On reconnaît là encore une série dont les éléments sont des cubes de nombres entiers à la différence près que l'on vous indique le nombre que l'on met au cube. Ainsi : 327 se lit 3 et 27 ou encore '3 au cube donne 27'.

6. Repérer les mouvements.

Ce critère a été largement développé dans *Les épreuves de logique et de mathématiques*. Il s'agit en effet de repérer les mouvements de chiffres d'un élément à l'autre. Les mouvements peuvent affecter les séries horizontales comme les séries verticales.

Exemples :

A. 761 670 127 749 270

➥ On remarque ici que le chiffre 7 change de place d'un élément à l'autre. On dit qu'il y a mouvement. Vous remarquez effectivement que le chiffre 7 est d'abord en première position dans le 761, puis en seconde position dans 670, en troisième position dans 127 pour revenir en première position dans 749 et « mourir » en seconde position dans 270.

Retenez bien que ces mouvements sont assez faciles à repérer. Aussi n'oubliez pas d'appliquer ce critère dans votre RADAR ATTITUDE. Retenez également que ces mouvements peuvent être **alternés** (gauche – droite : **7**65 ; 8**9**7 ; 74**2** ; 1**2**7 etc.). Ils peuvent également se produire en **sens inverse** (76**1** ; 5**1**0 ; **1**87 ; 521 etc.) et peuvent même être **progressifs** ou **dégressifs**.

B.

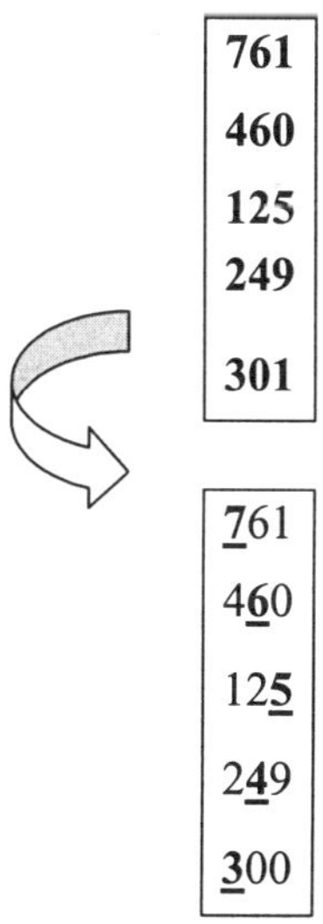

➥ On remarque un mouvement « serpentin » dégressif.

En conclusion :

La RADAR ATTITUDE est une étape très importante. Comme vous le voyez, cette étape permet de balayer très rapidement, facilement et pratiquement sans effort, un nombre important de critères.

Appliquez dans cet ordre les 5 critères de la RADAR ATTITUDE :

ÉTAPE 1 : RADAR ATTITUDE

1. Repérer les **chiffres communs**.

2. Repérer les **successions.**

3. Repérer les **sommes et les produits.**
   Attention aux successions *intra éléments* VS *inter éléments*

4. Repérer les **carrés.**

5. Repérer les **cubes.**

6. Repérer les **mouvements.**

II. ÉTAPE 2 : DÉJOUER LES MULTIPLES

La seconde étape **DÉJOUER LES MULTIPLES** est essentielle. Elle exige que vous soyez parfaitement à l'aise en calcul mental. Il convient en effet ici de questionner vos nombres et de les faire parler, pour savoir s'ils sont multiples d'un même nombre.

Vous devez donc connaître parfaitement vos tables de multiplication ainsi que tous vos critères de divisibilité (in *Les épreuves de logique et de mathématiques aux concours des écoles de commerce*).

Nous allons distinguer ici 2 types de multiples : **les multiples simples** et **les multiples complexes.**

ATTENTION : les deux critères suivants doivent être appliqués dans cet ordre.

1. Déjouer les multiples simples.

Liste des multiples simples : **2, 3, 4, 5, 6, 9, 10 et 11.**

Ce critère est assez simple à appliquer. En effet, pour déjouer les multiples simples, il suffit tout simplement de tester sur les nombres qui composent la série les différents critères de divisibilité pour 2, 3, 4, 5, 6, 9, 10 ou encore 11.

Exemples :

A. 525 40 395 6120

➥ Il est très facile de reconnaître ici des éléments qui sont tous multiples de 5. On voit en effet que les nombres de cette série se terminent tous par 0 ou par 5 (critère de divisibilité par 5) ➥ Les nombres qui composent cette série sont tous des multiples de 5.

B. 774 810 98172 2025

➥ Le critère de divisibilité par 9 nous dit que si la somme des chiffres d'un nombre donne un multiple de 9, alors ce nombre est lui-même un multiple de 9.

Ainsi, si l'on prend 774 par exemple, et bien comme la somme des chiffres du nombre 774 est égale à 18 et que 18 est un multiple de 9, alors 774 est également multiple de 9.

C. 704 770 671 121

➥ En appliquant le critère de divisibilité par 11, on conclut que tous les nombres de cette série sont des multiples de 11 (ou divisibles par 11 – c'est pareil !)

2. Déjouer les multiples complexes.

<u>Liste des multiples complexes : **7, 13, 17, 19 et 23.**</u>

Les multiples complexes ont cela de différent des multiples simples : ils ne sont pas faciles à repérer !

En effet : comment savoir en quelques petites secondes que 102 est un multiple de 17 (en plus, bien sûr, d'être un multiple de 2, de 3 et de 6 notamment) ou encore que 117 est un multiple de 13 (en plus d'être multiple de 3 et de 9 notamment) ?

Eh bien, il existe en fait une technique très efficace pour déjouer les multiples complexes. Si vous avez déjà travaillé sur les *QCM de mathématiques et de calcul,* (même auteur, même collection) alors vous vous souvenez de la décomposition des nombres en produits uniques de facteurs premiers *(Partie 1 – Chap. 1 – Méthodologie avancée du QCM – pages 11 et 12).* C'est précisément cette technique que nous allons utiliser ici pour venir à bout des multiples complexes.

Exemples :

A. 357 85 153 136

➥ On a affaire ici à des multiples de 17. Eh oui, si vous vous amusez à diviser chacun des nombres de cette série par 17, vous obtiendrez un quotient entier et vous conclurez donc qu'ils sont tous divisibles par (ou multiples de) 17.

Maintenant, la question qu'il faut se poser est : comment déceler ***rapidement*** ce multiple complexe ?

Et bien, la réponse est la suivante : **décomposez <u>*le plus petit*</u> <u>nombre de la série</u> en un produit unique de facteurs premiers !**

Ici, le plus petit nombre est 85.

Si l'on décompose 85 en un produit de facteurs premiers, on obtient : 85 = 5 × 17

85 était assez simple à décomposer car on savait de façon évidente qu'il était divisible par 5 (85 finit par 5 !!!) et il nous restait alors plus qu'à diviser 85 par 5 pour trouver 17 et de conclure : 85 = 5 × 17

On vérifie ensuite que 357 est multiple de 17 : très simple puisque 340 est égal à 2 fois 170 qui est multiple de 17 et que 357 est égal à 340 + 17.

On vérifie également de tête que 153 est multiple de 17 (170 – 17), de même que 136 (170 – 2 × 17)

Et le tour est joué !!!

Conclusion : il s'agit d'une série dont tous les nombres sont multiples de 17.

Attention !

Si la série précédente avait été : **357** **<u>850</u>** **153** **136** (on a remplacé 85 par 850)… et bien vous n'auriez pas décomposé 153 en un produit de facteurs premiers mais 850 !! Et oui, le plus petit nombre de la série ici n'est pas 153 mais 850… bizarre, non ?

En fait, au premier coup d'œil, on sait que 850 est divisible par 10 ce qui nous permet d'écrire : $850 = 85 \times 10 = 85 \times 5 \times 2$ et on se retrouve donc avec 85 à décomposer, un nombre qui est un peu moins long à décomposer que 153.

B. 156 78 273 338

➥ Allons-y ! Décomposons le plus petit des nombres en un produit de facteurs premiers : $78 = 2 \times 39 = 2 \times 3 \times 13$. On en déduit que 78 est multiple de 13 et on vérifie alors rapidement que $156 = 130 + 26$ ➥ multiple de 13 ; $273 = 260 + 13$ ➥ encore un multiple de 13 et 338 enfin qui est également multiple de 13 (une simple division permet d'en avoir le cœur net mais mon conseil est le suivant : aux concours, une fois que vous avez vérifié le critère 'multiple de 13' sur 3 des 4 éléments de la série, ne vous embêtez pas à vérifier le critère pour le 4ème élément surtout si celui-ci à l'air un peu dur à décomposer…)

<u>N'oubliez pas</u> : appliquez **dans cet ordre** les deux critères de l'ÉTAPE 2.

ÉTAPE 2 : DÉJOUER LES MULTIPLES

1. Déjouer les multiples **simples.**

2. Déjouer les multiples **complexes.**

III. ÉTAPE 3 : SÉPARER POUR MIEUX RÉGNER

La troisième et dernière étape **SÉPARER POUR MIEUX RÉGNER** est l'étape de la dernière chance. Et oui, en général, tout se joue à l'étape 1 ou à l'étape 2... alors si vous en êtes à l'étape 3, il faut surtout pas que vous vous découragiez... bien au contraire, vous devez redoubler d'effort, être particulièrement créatif et ne pas hésiter à 'charcuter' vos nombres.

En fait, en séparant vos nombres en deux ou trois morceaux, vous verrez qu'il peut exister un lien fort entre les nouveaux morceaux constitués.

Les critères qui suivent ne sont pas classés par ordre d'importance.

1. SÉPARATION CARRÉS

Il convient ici de séparer des nombres en vue de repérer des carrés parfaits.

Exemples :

A. 366 648 819 164

➥ Pour chacun des nombres de la série, le dernier chiffre mis au carré donne un nombre qui est égal au nombre constitué des deux premiers chiffres des nombres de la série.

36|**6**	64|**8**	81|**9**	16|**4**
$36 = \mathbf{6}^2$	$64 = \mathbf{8}^2$	$81 = \mathbf{9}^2$	$16 = \mathbf{4}^2$

B. 21441 11121 19361 18324

➥ Cette fois-ci, c'est le premier chiffre/nombre qui a été mis au carré :

21|**441**	11|**121**	19|**361**	18|**324**
$21^2 = 441$	$11^2 = 121$	$19^2 = 361$	$18^2 = 324$

C. 11244 11000 255 42000

➥ Cette fois-ci le nombre que l'on met au carré est complètement caché dans le décor. Regardez un peu...

1|**12**|44	1|**10**|00	2|**5**|5	4|**20**|00
$12^2 = 144$	$10^2 = 100$	$5^2 = 25$	$20^2 = 400$

2. SÉPARATION CUBES

Il convient ici de séparer des nombres en vue de repérer des cubes parfaits.

Exemple :

7343 327 9729 6216

➥ Pour chacun des nombres de la série, le dernier chiffre mis au cube donne un nombre constitué des deux ou trois chiffres suivants.

7|343	**3**|27	**9**|729	**6**|216
$7^3 = 343$	$3^3 = 27$	$9^3 = 729$	$6^3 = 216$.

3. SEPARATION SOMME

Exemples :

A. 4307 7144 2341 9081

➥ Si vous séparez chacun de vos nombres en deux morceaux (SPLIT), vous obtenez deux nombres de deux chiffres dont la somme des chiffres donne le même résultat.

43|07	71|44	23|41	90|81
$4 + 3 = 0 + 7$	$7 + 1 = 4 + 4$	$2 + 3 = 4 + 1$	$9 + 0 = 8 + 1$

B. 615 981 202 321

➥ Si vous séparez chacun de vos nombres en deux morceaux au niveau du premier chiffre, vous obtenez un premier chiffre qui est égal à la somme des second et troisième chiffres.

6|15	9|81	2|02	3|21
$6 = 1 + 5$	$9 = 8 + 1$	$2 = 0 + 2$	$3 = 2 + 1$

C. 495 891 781 165

➥ Si vous séparez chacun de vos nombres en trois morceaux en isolant le chiffre central (i.e. le chiffre du milieu) et bien vous obtenez l'égalité suivante :

Somme des chiffres externes = chiffre du centre.

4|**9**|5	8|**9**|1	7|**8**|1	1|**6**|5
4 + 5 = **9**	8 + 1 = **9**	7 + 1 = **8**	1 + 5 = **6**

4. SEPARATION PRODUIT

Exemples :

A. 8324 6742 3412 4936

➥ Le produit des deux premiers chiffres est égal au nombre composé des deux derniers chiffres.

83|24	67|42	34|12	49|36
$8 \times 3 = 24$	$6 \times 7 = 42$	$3 \times 4 = 12$	$4 \times 9 = 36$

Ce critère, très classique, est généralement assez simple à repérer… mais il n'en sera pas toujours ainsi.

Nous appellerons ce critère : « **produit direct** »

NB : Vous aurez noté au passage que le chiffre 4, présent dans chacun des nombres de cette série progresse d'un rang d'un nombre à l'autre. Le chiffre 4 apparaît ainsi en **4ème** position dans 832**4**, en **3ème** position dans 67**4**2, en **2nde** position dans 3**4**12 puis en **1ère** position dans **4**936.

B. 214 963 321 749

➥ Le critère lié à cet exemple est un peu plus subtil car le produit est « sous entendu » ici. Il convient en effet de remarquer que si l'on multiplie le premier chiffre de chacun des nombres de cette série par la constante *7*, et bien on obtient le nombre composé des deux derniers chiffres.

Nous appellerons ce critère : « **produit sous entendu par une constante** »

2|14	9|63	3|21	7|49
$2 \times \underline{7} = 14$	$9 \times \underline{7} = 63$	$3 \times \underline{7} = 21$	$7 \times \underline{7} = 49$

C. 182 361 94 312

➥ Ce dernier critère est assez original. Il convient en effet ici d'opérer une séparation qui permette de faire le produit de deux nombres dont le résultat est constant quel que soit le nombre de la série. Ici, nous obtenons toujours le nombre 36.

18|2	36|1	9|4	3|12
$18 \times 2 = \underline{36}$	$36 \times 1 = \underline{36}$	$9 \times 4 = \underline{36}$	$3 \times 12 = \underline{36}$

Nous appellerons ce critère : « **produit interne constant** »

Récapitulons :

ÉTAPE 3 : SÉPARER POUR MIEUX RÉGNER

1. Séparation **carrés**
   Attention aux « carrés cachés »
   Attention au centre

2. Séparation **cubes**
   Attention aux « cubes cachés »
   Attention au centre

3. Séparation **somme**
   Attention au SPLIT

4. Séparation **produit**
   Bien avoir les 3 cas à l'esprit :
   Produit direct, produit sous entendu par une constante et produit interne constant

IV. SYNTHESE

La liste des critères à retenir est assez longue, je vous l'accorde, mais si vous appliquez méthodiquement les différents critères énoncés ci-dessus, croyez-moi que plus aucune série ne pourra alors vous échapper.

Mon conseil est le suivant : prenez votre mal en patience, faîtes-vous violence et apprenez PAR CŒUR la synthèse (page suivante) des critères à appliquer lorsque vous abordez une série double. Cet apprentissage par cœur est quelque peu « violent » mais le principe même de l'épreuve de LOGIQUE aux concours est violent.

Et oui, disons-le sans langue de bois, l'épreuve de SERIES DOUBLES ne sert pas à savoir si parmi vous se trouve quelque Albert Einstein en herbe qui n'aurait pas soupçon de ses latents de logicien...

L'objectif principal que poursuit l'épreuve de SERIES DOUBLES est le suivant : tester votre capacité à mener des raisonnements inductifs et déductifs simples **sous forte pression de temps et de fatigue**. Ce n'est pas un hasard si l'épreuve de LOGIQUE/SERIES DOUBLES est la 6ème et dernière épreuve du TAGE MAGE…

Arrivé à la 6ème épreuve du TAGE MAGE, le candidat est tout simplement épuisé et il doit puiser dans ses ressources les plus insoupçonnées la force et le courage nécessaires pour finir l'épreuve et pour appliquer la longue liste de critères qui suit.

<u>**UN POINT IMPORTANT**</u> :

Avec l'habitude, vous identifierez certains critères <u>au premier coup d'œil</u> et c'est normal et c'est surtout tant mieux (faut bien que l'entraînement intensif paye !)

Si cela vous arrive, ne cherchez pas à tout prix à vous convaincre que vous avez déceler le bon critère en vérifiant que les autres critères ne fonctionnent pas… ce serait vraiment une perte de temps inutile !

En fait, une fois que vous avez décelé un critère au premier coup d'œil, commencez vite à éliminer les réponses qui ne répondent pas de ce critère et enchaînez sur la seconde série (voir *Les épreuves de logique et de mathématiques aux concours des Ecoles de commerce*, même auteur, même édition, pour ce qui est de la technique de résolution des séries doubles.)

Si toutefois rien ne sortait au premier coup d'œil, ne cherchez pas à être plus malin que le concepteur et n'attendez pas qu'une idée géniale vienne subitement habiter votre esprit ! Ne perdez pas une minute et appliquez méthodiquement et dans l'ordre les 3 étapes que nous avons étudiées.

TABLEAU DE SYNTHESE : SERIES DOUBLES DE CHIFFRES

ÉTAPE 1 : RADAR ATTITUDE

1. Repérer les chiffres communs.
2. Repérer les successions.
3. Repérer les sommes et les produits.
4. Repérer les carrés.
5. Repérer les cubes.
6. Repérer les mouvements.

ÉTAPE 2 : DÉJOUER LES MULTIPLES

1. Déjouer les multiples simples.
2. Déjouer les multiples complexes.

ÉTAPE 3 : SÉPARER POUR MIEUX RÉGNER

1. Séparation carrés.
2. Séparation cubes.
3. Séparation somme.
4. Séparation produit.

CHAPITRE 2

SÉRIES DOUBLES DE CHIFFRES : ENTRAINEMENT INTENSIF

I. QCM 1 ÉTOILE : VALIDER LES RÉFLEXES FONDAMENTAUX

Les **15 QCM** qui suivent permettent de mettre en application les réflexes fondamentaux liés à la résolution des séries doubles de chiffres.

Si vous détectez au premier coup d'œil le bon critère, alors surtout, ne perdez pas de temps à appliquer dans l'ordre chacun des critères énoncés dans le chapitre précédent.

En revanche, si vous veniez à « sécher » sur une série, alors oui, dans ce cas, appliquez très méthodiquement (i.e. dans l'ordre proposé) les critères énoncés dans le chapitre précédent et alors nul doute que vous parviendrez à démanteler votre série.

Cet ouvrage suit une démarche de perfectionnement qui doit vous inciter à aller toujours plus vite et à gagner du temps dans la résolution des QCM de Logique. C'est pour cela que je vous conseille de passer en moyenne **1 minutes à 1 minute 30** par série.

(1)

		801		
		135		
127	872	?	277	207
		432		
		522		

(A) 722
(B) 720
(C) 227
(D) 711
(E) 261

(2)

		682		
		286		
77	91	?	420	28
		121		
		594		

(A) 84
(B) 777
(C) 63
(D) 154
(E) 99

(3)

		130		
		26		
234	56	?	678	23
		520		
		39		

(A) 123
(B) 789
(C) 78
(D) 423
(E) 143

(4)

?	732	209	627	102
92				
129				
233				
613				

(A) 912
(B) 219
(C) 323
(D) 126
(E) 713

(5)

324	900	121	?	289
			509	
			294	
			387	
			102	

(A) 225
(B) 256
(C) 216
(D) 312
(E) 378

(6)

305				
640				
?	123	984	246	771
285				
125				

(A) 365
(B) 456
(C) 920
(D) 437
(E) 225

(7)

				343
				125
				1331
				512
156	246	437	112	?

(A) 369
(B) 729
(C) 216
(D) 325
(E) 1000

(8)

			280	
			840	
942	804	791	?	500
			147	
			350	

(A) 630
(B) 420
(C) 890
(D) 690
(E) 700

(9)

648				
252				
324				
?	396	176	242	451
378				

(A) 253
(B) 333
(C) 100
(D) 297
(E) 583

(10)

				934
				728
				749
864	309	981	416	?
				512

(A) 749
(B) 814
(C) 746
(D) 109
(E) 636

(11)

?	182	65	104	91
697				
374				
102				
546				

(A) 143
(B) 859
(C) 855
(D) 273
(E) 793

(12)

		273		
		1255		
		2166		
6770	3033	?	5962	7578
		644		

(A) 3437
(B) 7142
(C) 4548
(D) 5128
(E) 7299

(13)

				126
715	644	381	836	?
				163
				941
				508

(A) 273
(B) 220
(C) 913
(D) 429
(E) 918

(14)

			390	
			52	
			156	
7299	11	2166	?	3437
			104	

(A) 82
(B) 71
(C) 117
(D) 273
(E) 644

(15)

				601
				52
51	119	102	306	?
				115
				25

(A) 85
(B) 421
(C) 170
(D) 223
(E) 34

II. QCM 1 ÉTOILE : CORRIGÉS COMMENTÉS

Nota Bene :

Dans tous les corrigés qui suivent, *H* signifiera : « série horizontale » tandis que *V* signifiera « série verticale ».

1. Réponse B

H →|

RADAR ATTITUDE : tous les éléments de cette série ont deux **chiffres communs** qui sont 2 et 7.

Arrivés là, ne cherchez pas plus loin ! Penchez-vous plutôt à toute vitesse sur vos solutions pour voir s'il y en a, parmi elles, qui respectent ce critère.

↳ On garde les réponses 722, 720 et 227

V →|

RADAR ATTITUDE : la **somme des chiffres** des éléments de cette série est toujours égale à 9.

On peut noter ici qu'il revenait au même de dire les nombres qui composent cette série verticale étaient des multiples simples de 9 puisqu'il suffit en effet que la somme des chiffres d'un nombre soit égale à 9 pour que ce dernier soit un multiple de 9.

↳ On garde la réponse **720**

2. Réponse D

H →|

DEJOUER LES MULTIPLES : tous les éléments de cette série sont des multiples complexes de 7.

L'indice vient naturellement de 77 (7 × 11) mais encore de 28 et de 420 qui sont, « au premier coup d'œil », des multiples de 7.

Il suffisait alors de vérifier que 91 était également un multiple de 7 (13 × 7) et j'attire dès à présent votre attention sur le fait que **91 est un nombre clé dans les épreuves de logique de séries doubles** puisqu'il est à la fois multiple de 7 et de 13 (et les étudiants peinent souvent à décomposer rapidement 91 en 7 × 13).

↳ On garde les réponses 154, 63 et 777

V ⇥

DEJOUER LES MULTIPLES : tous les éléments de cette série sont des multiples simples de 11. L'indice vient de 121 bien sûr (carré de 11, donc multiple de 11) mais l'on pouvait aussi appliquer rapidement le critère de divisibilité par 11 pour conclure que 682, 286 et 594 l'étaient également.

↳ On garde donc la réponse **154** qui est également un multiple de 11 (154 = 7 × 2 × 11).

3. Réponse C

H ⇥

RADAR ATTITUDE : succession classique intra élément portant sur des nombres composés de 2 ou 3 chiffres.

↳ On garde les réponses 78, 123 et 789.

V ⇥

DEJOUER LES MULTIPLES : tous les éléments de cette série sont des multiples complexes de 13. L'indice vient bien sûr de 130 (10 × **13**) et de 26 (2 × **13**). Il ne restait alors plus qu'à vérifier que 520 (520 = 10 × 52 = 10 × 4 × **13**) et 39 (3 × 13) étaient également des multiples de 13.

↳ On garde donc la réponse **78** qui est un multiple de 13 (78 = 2 × 39 soit 78 = 2 × 3 × **13**).

4. Réponse C

V ⇥

C'est normal si vous avez un peu « séché » ici…

Nous repérons ici des **produits constants** (RADAR ATTITUDE).

En effet, le produit des chiffres des éléments verticaux donne toujours 18 ici.

129 ➥ 1 × 2 × 9 = **18**

233 ➥ 2 × 3 × 3 = **18**

Etc.

↳ On garde les réponses 912, 219 et 323.

H ⇥

RADAR ATTITUDE : le chiffre 2 est commun à tous les nombres de la série. Surtout, on remarque que le chiffre 2 change de position d'un nombre à l'autre sur le mode « +1 ». Le chiffre 2 doit donc se trouver en 2nde position dans le nombre que l'on cherche. Ainsi, le chiffre 2 est d'abord en 2nde position, passe en 3ème position, revient en 1ère, passe en 2nde et finit en 3ème position.

↳ On garde donc la réponse **323** dont le chiffre 2 est en 2nde position.

5. Réponse B

H ⇥

RADAR ATTITUDE : les nombres de cette série sont tous des carrés de nombres entiers. Souvenez-vous que $17^2 = 289$ et que 900 est naturellement le carré de 30 puisque 9 est le carré de 3.

↳ On garde les réponses 225 (15^2) et 256 (16^2).

V ⇥

RADAR ATTITUDE : succession régressive droite/gauche inter éléments.

↳ On garde la réponse **256**

Attention : pensez toujours à appliquer **en premier lieu** TOUS les critères de la RADAR ATTITUDE.

6. Réponse E

V ⇥

DEJOUER LES MULTIPLES : les nombres de cette série sont tous des multiples simples de 5.

↳ On garde les réponses 365, 920 et 225.

H ⇥

DEJOUER LES MULTIPLES : les nombres de cette série sont des multiples simples de 3. En effet la somme des chiffres des nombres de cette série donne toujours un nombre qui est lui-même multiple de 3.

↳ On garde la réponse **225** dont la somme des chiffres est égale à 9 (multiple de 3).

7. Réponse B

V ⇥

RADAR ATTITUDE : **cubes parfaits**. Certes, 1331 (11^3) était délicat. Il était cependant aisé de voir que 1331 était un multiple de 11 (voir critère de divisibilité par 11) et que 1331 divisé par 11 donnait 121 qui n'est autre que le carré de 11.

↳ On garde les réponses 729, 216 et 1000.

H ⇥

SEPARATION : séparation somme. Pour chacun des nombres de la série, la somme des deux premiers chiffres est toujours égale au troisième chiffre.

↳ On garde la réponse **729** (7 + 2 = 9).

8. Réponse A

H ⇥

RADAR ATTITUDE : succession inverse inter éléments portant sur le 1er chiffre : **9**42 | **8**04 | 791 etc. Conséquence : il nous faut une solution avec 6 comme premier chiffre.

↳ On garde les réponses 630 et 690

V ⇥

DEJOUER LES MULTIPLES : tous les nombres de la série sont des multiples complexes de 7. L'indice vient de 350 ($10 \times 7 \times 5$). On vérifie alors que 280 ($28 \times 10 = 7 \times 4 \times 10$) est également multiple de 7, tout comme 840 (700 + 140)…

↳ On garde la réponse **630**

9. Réponse D

V ⇥

DEJOUER LES MULTIPLES : multiples simples de 9 (la somme des chiffres des nombres de cette série est égale à 9 ou 18 ➥ multiple de 9)

↳ On garde les réponses 333 et 297

H →|

SEPARATION : le chiffre du milieu (2nd chiffre) est égal à la somme des chiffres extérieurs (1er et 3ème chiffre).

Nota Bene : ce critère était bien évidemment plus fort que le simple critère qui consistait à dire que les nombres de cette série étaient des multiples de 3. En effet, si l'on avait pris ce critère (multiples de 3) en considération, nous n'aurions pas été plus avancés dans la résolution de notre série puisque l'on gardait alors les deux solutions 333 et 297.

C'est pour cette raison que le critère SEPARATION est plus fort ici et qu'il nous a permis de ne garder qu'une seule et unique solution.

↳ On garde la réponse **297**

10. Réponse E

V →|

RADAR ATTITUDE : succession inverse inter élément | gauche/droite. Il nous faut donc un 6 comme troisième chiffre pour notre solution.

937
72**8**
749
XX**6**
512

↳ On garde les réponses 636 et 746

H →|

SEPARATION : séparation carrés. Le 1er chiffre élevé au carré donne le nombre composé des 2nd et 3ème chiffres.

Attention : lorsque l'on élève 3 au carré, on obtient 9 qui est égal au nombre à deux chiffres 09 (mais également au nombre à 3 chiffres 009 etc.)

↳ On garde la réponse **636**

11. Réponse D

V ⇥

RADAR ATTITUDE : succession classique entre les 1er et $3^{\text{ème}}$ chiffres des nombres de la série : **6**9**7**, **3**7**4**, **1**0**2**, etc.

Conseil : OBSERVEZ bien les nombres qui composent vos séries avant de commencer à les secouer dans tous les sens. Ne cherchez pas à faire compliqué quand il est possible de faire très simple.

↳ On garde les réponses 859 et 273

H ⇥

DEJOUER LES MULTIPLES : multiples complexes de 13. En effet : 65 = 5 × **13** ; 91 = 7 × **13** ; 104 = 2 × 52 = 2 × 2 × 26 = 2 × 2 × 2 × **13** etc.

↳ On garde la réponse **273** (273 = 260 + 13 = 2 × 130 + 13 ➥ multiple de 13 !!)

12. Réponse A

V ⇥

SEPARATION : séparation cubes : 27|**3** ➥ 27 = $\mathbf{3}^3$; 125|**5** ➥ 125 = $\mathbf{5}^3$ etc.

↳ On garde les réponses 3437, 5128 et 7299

H ⇥

SEPARATION : si l'on sépare chacun des nombres de cette série en deux morceaux, on remarque qu'il y a un écart de 3 points entre le nombre à gauche du trait de séparation et le nombre à droite du trait de séparation. 6770 ➥ 67|70 : 70 – 67 = 3 ; 5962 ➥ 59|62 : 62 – 59 = 3 etc.

Nota Bene : ce dernier critère ne figure pas en tant que tel dans votre liste de critères à appliquer. Il s'agit cependant d'un critère assez simple à détecter. Vous découvrirez tout au long de cet ouvrage quelques critères assez créatifs qui ne figurent pas dans la liste « officielle » des critères à appliquer. J'ai pensé qu'il était intéressant que vous vous frottiez, comme le jour de l'épreuve, à de toutes nouvelles situations… il est en effet important que vous soyez confrontés à des tests parfaitement inédits !

↳ On garde la réponse **3437**

13. Réponse B

V ⇥
RADAR ATTITUDE : mouvement « serpentin » progressif.

126
?
16**3**
9**4**1
508

Conséquence : il nous faut un nombre solution avec un 2 comme deuxième chiffre.

↳ On garde les réponses 220 et 429

H ⇥
RADAR ATTITUDE : écart dégressif de 2 points entre le premier chiffre et le troisième chiffre : **7**1**5** ; **6**4**4** ; **3**8**1** etc.

↳ On garde la réponse **220**

14. Réponse D

V ⇥
DEJOUER LES MULTIPLES : multiples complexes de 13.
Rappel : l'indice vient de 390 (390 = 10 × 39 = 10 × 3 × **13**)
52 = 4 × 13
104 = 8 × 13
156 = 12 × 13

↳ On garde les réponses 117 (130 – 13) et 273 (260 + 13)

H ⇥
SEPARATION : séparation cubes : 729|9 ➥ $729 = 9^3$

↳ On garde la réponse **273**

15. Réponse E

V ⇥

RADAR ATTITUDE : la somme des chiffres de chacun des nombres de la série est toujours égale à 7.

☞ On garde les réponses 421, 223 et 34

H ⇥

DEJOUER LES MULTIPLES : les nombres de cette série sont tous des multiples complexes de 17. L'indice vient de 51 qui est égal à 3 × **17**.

On vérifie alors que 119 = 2 × 51 + 17 ➥ multiple de 17 ; 102 = 119 – 17 ➥ multiple de 17 … 306 = 3 × 102 ➥ multiple de 17.

☞ On garde la réponse **34**

III. QCM 2 ÉTOILES : MAÎTRISER LES SUBTILITÉS

Les **10 QCM** qui suivent permettent de découvrir d'importantes applications en séries doubles.

Surtout, n'oubliez jamais d'appliquer les 3 étapes fondamentales : RADAR ATTITUDE, DEJOUER LES MULTIPLES et SEPARER POUR MIEUX REGNER.

Comme toujours, cet ouvrage suit une démarche de perfectionnement qui doit vous inciter à aller toujours plus vite et à gagner du temps dans la résolution des QCM. Je vous conseille donc de passer en moyenne **1 min. à 1 min 30** par série.

(1)

	633			
	954			
	808			
525	?	749	864	636
	321			

(A) 303
(B) 871
(C) 981
(D) 416
(E) 204

(2)

?	6592	7144	3975	2213
902				
1100				
704				
121				

(A) 1011
(B) 1110
(C) 1212
(D) 1331
(E) 3111

(3)

				203
415	729	628	707	?
				336
				805
				210

(A) 235
(B) 175
(C) 238
(D) 168
(E) 224

(4)

775	?	8170	3145	715
	7642			
	313			
	8216			
	428			

(A) 2336
(B) 252
(C) 5525
(D) 5255
(E) 510

(5)

90	?	490	40	360
	10			
	2160			
	270			
	1250			

(A) 250
(B) 640
(C) 160
(D) 60
(E) 20

(6)

		635		
		980		
279	404	?	123	246
		524		
		863		

(A) 415
(B) 308
(C) 748
(D) 325
(E) 734

(7)

	240			
	351			
146	?	479	366	891
	462			
	573			

(A) 795
(B) 230
(C) 684
(D) 312
(E) 255

(8)

	764			
	953			
247	?	156	493	104
	872			
	179			

(A) 468
(B) 296
(C) 928
(D) 875
(E) 377

(9)

				1976
				2184
				1768
				1352
3604	4909	8125	6401	?

(A) 1248
(B) 1236
(C) 1664
(D) 8116
(E) 2549

(10)

		1091		
		1376		
		1257		
		1697		
2917	4771	?	6166	2638

(A) 1594
(B) 1477
(C) 1396
(D) 1154
(E) 1789

IV. QCM 2 ÉTOILES : CORRIGÉS COMMENTÉS

1. Réponse C

V ⇥

Séparation somme : le premier chiffre des nombres de cette série est toujours égal à la somme des deuxième et troisième chiffres.

6|33 ➥ 6 = 3 + 3

8|08 ➥ 8 = 0 + 8

9|54 ➥ 9 = 5 + 4

3|21 ➥ 3 = 2 + 1

↳ On garde les réponses 303, 871 et 981

H ⇥

Séparation carrés : le premier chiffre élevé au carré est égal au nombre composé des deuxième et troisième chiffres.

↳ On garde la réponse **981**

2. Réponse D

H ⇥

Séparation somme : la somme des deux premiers chiffres est toujours égale à la somme des deux derniers.

65|92 ➥ 6 + 5 = 9 + 2 ; 39|75 ➥ 6 + 9 = 9 + 2 etc.

↳ On garde les réponses 1331 et 1212

Nota Bene : lorsque vous travaillez sur une série composée de nombres à 4 chiffres, ayez tout de suite le réflexe « séparation » !

V ⇥

Multiples simples de 11 (n'oubliez pas d'appliquer le critère de divisibilité par 11 !) L'indice venait ici de 121 (**11**×11) mais encore de 1100 = **11** ×10…

↳ On garde **1331** (qui est d'ailleurs le cube de 11)

3. Réponse E

H ⇥

Séparation somme : la somme des deux premiers chiffres est toujours égale au troisième.
41|5 ↪ 4 + 1 = 5 ; 729 ↪ 7 + 2 = 9 etc.

↳ On garde les réponses 235 et 224

V ⇥

Multiples complexes de 7. L'indice venait ici de 210 qui est égal = 10 × 3 × **7**.

↳ On garde **224** (qui est égal à 210 + 14)

4. Réponse C

H ⇥

Nombres multiples simples de 5 composés de 3 ou 4 chiffres.

↳ On garde les réponses 5525, 5255 et 510

V ⇥

Séparation produit (produit des deux premiers chiffres) : 76|42 ↪ 7 × 6 = 42 ; 31|3 ↪ 3 × 1 = 3 ; 82|16 ↪ 8 × 2 = 16 etc.

↳ On garde **5525**

5. Réponse B

Un QCM intéressant puisqu'il revisite un grand classique des séries doubles.

H ⇥

Il s'agit en fait ici de repérer des carrés de nombres entiers qui ont tous été multipliés par 10. Ainsi 90 = 9 × 10 = $\mathbf{3^2}$ × 10 ; 490 = 49 × 10 = $\mathbf{7^2}$ × 10 etc.

↳ On garde les réponses 250, 640 et 160

V ⇥

Même logique que pour la série horizontale sauf qu'il s'agit ici de cubes de nombres entiers qui ont été multipliés par 10. Ainsi : $10 = 1 \times 10 = 1^3 \times 10$; $2160 = 216 \times 10 = 6^3 \times 10$ etc.

↳ On garde **640**

Nota Bene : 1 et 64 sont les seuls nombres à être « carrés » ET « cubes ». Ainsi 1 est le carré de 1 et le cube de 1 ; 64 est le carré de 8 et le cube de 4.

6. Réponse A

Un QCM intéressant. Il exige que vous ayez pris un peu de recul sur les QCM de séries doubles de chiffres.

H ⇥

Pour le moment, rien de très inquiétant. Vous avez compris que l'on avait à faire à une séparation somme telle que la somme des deux premiers chiffres est égale au troisième chiffre.

↳ On garde les réponses 415, 325 et 734

V ⇥

C'est maintenant que les choses se compliquent un peu. Il s'agit en fait ici d'une séparation « carrés » un peu inhabituelle. Le premier chiffre élevé au carré est égal au nombre composé des deux derniers chiffres auquel on a retranché 1.

Ainsi : 6|35 ↪ $\mathbf{6}^2 = 36 - \mathit{1} = \mathbf{35}$, 9|80 ↪ $\mathbf{9}^2 = 81 - \mathit{1} = \mathbf{80}$ etc.

↳ On garde **415**

7. Réponse C

H ⇥

Séparation « carrés » avec focus sur le centre. En effet, le chiffre du milieu élevé au carré est égal au nombre composé des premier et second chiffres.

Ainsi : 1|**4**|6 ↪ $\mathbf{4}^2 = 16$; 4|**7**|9 ↪ $\mathbf{7}^2 = 49$ etc.

↳ On garde les réponses 684 et 255.

V ⇥

Succession avec saut d'un chiffre. **Attention** : cette succession suit un rituel bien particulier (mais qui demeure cependant facile à détecter) : la succession débute en effet avec le dernier chiffre pour enchaîner sur le premier et finir avec le second.

Illustration : pour 351 on lite d'abord le chiffre 1, puis le chiffre 3 et le chiffre 5 (dans cet ordre.)

↳ On garde 684.

8. Réponse E

V ⇥

La somme des chiffres des nombres de la série est toujours égale à 17.

764 ➥ 7 + 6 + 4 + **17**

953 ➥ 9 + 5 + 3 = **17**

Etc.

↳ On garde les réponses 296 et 377

H ⇥

Multiples complexes de 13. L'indice venait de 104 qui est égal 2 × 52 = 2 × 2 × 26 = 2 × 2 × 2 × **13**.

↳ On garde **377** (390 – 13)

9. Réponse C

H ⇥

Séparation carrés : en séparant les nombres de la série en deux nombres de deux chiffres, on obtient à chaque fois deux nombres qui sont en fait des carrés de nombres entiers.

36|04 ➥ 36 est le carré de 6 et 04 (i.e. 4) est le carré de 2 ; 81|25 ➥ 81 est le carré de 9 et 25 le carré de 5 etc.

↳ On garde les réponses 1664, 8116 et 2549

V ⇥

Séparation produit : en séparant là aussi les nombres de la série en deux nombres de deux chiffres, on obtient la relation suivante : le nombre qui se trouve à droite du trait de séparation est égal à quatre fois le nombre qui se trouve à gauche du trait de séparation.
19|76 ➥ 76 = **4** × 19 ; 21|84 ➥ 84 = **4** × 21.

☞ On garde **1664**

10. Réponse B

H ⇥
La somme des chiffres des nombres qui composent cette série est toujours égale à 19.
2917 ➥ 2 + 9 + 1 + 7 = 19 ; 2638 ➥ 2 + 6 + 3 + 8 = 19 etc.

☞ On garde les réponses 1594, 1477 et 1396

V ⇥
Une série très intéressante qui exige que vous ayez déjà acquis de bons réflexes en séparation. Il s'agit en effet de séparer les nombres de cette série en deux nombres de deux chiffres tels que le nombre qui se trouve à gauche du trait de séparation est égal à la somme des chiffres du nombre qui se trouve à droite du trait de séparation.
10|91 ➥ 10 = 9 + 1 ; 13|76 ➥ 13 = 7 + 6 etc.

☞ On garde **1477**

V. QCM 3 ÉTOILES : ÉPROUVER SA CONCENTRATION

Les **10 QCM** qui suivent sont d'un niveau assez difficile. Ces questions permettent de tester votre niveau de concentration, de résistance et de combativité. Comme vous le verrez, certaines questions permettront également de tester votre créativité dans votre façon d'aborder les séries.

Là encore, et je ne saurai trop me répéter : appliquez religieusement les 3 étapes fondamentales : RADAR ATTITUDE, DEJOUER LES MULTIPLES et SEPARER POUR MIEUX REGNER. Ces 3 étapes vous permettront d'y voir plus clair, cela ne fait aucun doute. Et bien sûr n'appliquez pas les critères à la va-vite ! Vous devez restez très concentrés tout au long de l'épreuve.

Vous disposez de **16 minutes** pour résoudre les 10 QCM qui suivent.

(1)

?	767	909	212	525
171				
437				
209				
114				

(A) 111
(B) 494
(C) 142
(D) 424
(E) 323

(2)

		56		
		92		
23	19	?	13	17
		83		
		47		

(A) 29
(B) 11
(C) 65
(D) 37
(E) 38

(3)

209				
361				
114				
950				
?	678	789	345	123

(A) 399
(B) 456
(C) 234
(D) 567
(E) 210

(4)

			290	
			87	
613	65	822	?	707
			116	
			319	

(A) 58
(B) 551
(C) 229
(D) 78
(E) 541

(5)

		169		
52	46	?	522	94
		324		
		121		
		289		

(A) 163
(B) 256
(C) 441
(D) 196
(E) 18
(F)

(6)

	22155			
65261	?	52238	93332	81326
	12111			
	19146			
	36191			

(A) 14124
(B) 87203
(C) 16139
(D) 40200
(E) 20454

(7)

				441
				210
				133
272	391	102	374	?
				336

(A) 147
(B) 119
(C) 306
(D) 161
(E) 442

(8)

?	550	714	581	187
156				
299				
143				
351				

(A) 611
(B) 100
(C) 403
(D) 425
(E) 431

(9)

204	459	?	102	255
		187		
		544		
		102		
		629		

(A) 153
(B) 408
(C) 221
(D) 278
(E) 357

(10)

	123			
	49			
	182			
900	?	625	324	729
	66			

(A) 144
(B) 361
(C) 221
(D) 94
(E) 121

VI. QCM 3 ÉTOILES : CORRIGÉS COMMENTÉS

1. Réponse E

H ⇥

Nombres miroirs (on dit encore nombres **palindromes**)

Une petite parenthèse intéressante :

On démontre facilement qu'il existe une infinité de nombres palindromes. On n'a cependant toujours pas réussi à démontrer qu'il existait une infinité de nombres premiers palindromes (en base 10 bien sûr !)

Le plus grand nombre premier palindrome connu est $10^{130022} + 3761673 \times 10^{650038} + 1$. Ce nombre fut découvert par H. DUBNER en 2004.

Pour ceux que cela intéresse, voici la liste des premiers nombres premiers palindromes :

2, 3, 5, 7, 11, 101 131, 151, 181, 191, 313, 353, 373, 383, 727, 757, 787, 797, 919, 929, 10301, 10501, 10601, 11311, 11411, 12421, 12721, 12821, 13331, 13831, 13931, 14341, 14741, 15451, 15551, 16061, 16361, 16561, 16661, 17471, 17971, 18181, 18481, 19391, 19891, 19991.

Remarque : comme vous pouvez le voir dans la liste ci-dessus, il n'existe pas de nombres premiers palindromes à 2 ou 4 chiffres, excepté pour 11.

Dernière curiosité (et oui, certains mathématiciens sont définitivement torturés !) :

Un certain P. RIBENBOIM a défini un nombre premier triplement palindrome comme un nombre qui, en plus d'être un nombre premier palindrome, possède un nombre de chiffres qui est lui-même un nombre premier palindrome. Par exemple : $10^{11310} + 4661664 \times 10^{5652} + 1$ possède 11311 chiffres.

↳ On garde les réponses 111, 424 et 323… ça redevient tout de suite plus simple.

V ⇥

Les nombres qui composent cette série sont tous des multiples complexes de 19.

L'indice vient de 114 qui est égal à : $2 \times 57 = 2 \times 3 \times \mathbf{19}$.

On vérifiait alors très vite que $171 = 190 - 19$ ➥ multiple de 19 ; $209 = 190 + 19$ ➥ multiple de 19 et une petite division de rien du tout permettait enfin de s'assurer que 437 était également un multiple de 19 ($437 = \mathbf{19} \times 23$)

↳ On garde alors sans hésiter **323**

NB : on garde 323 « sans hésiter » puisqu'il relève du pur bon sens que cela ne peut être 111 ou encore 424 (nombres que l'on avait sélectionné au terme de l'étude de la série horizontale.) On a effet vu que 114 était multiple de 19 ➥111 (114 – 3) ne pouvait donc logiquement être multiple de 19. On a vu également que 437 était multiple de 19 ➥ 424 (437 – 13) ne pouvait donc non plus être multiple de 19.

Conseil : raisonnez à tâtons et en toute logique le jour du concours afin de gagner en rapidité.

2. Réponse A

H ⇥

Avec un sens aiguisé de l'observation, on remarque que les nombres de cette série sont tous des nombres premiers.

↳ On garde les réponses 29, 37 et 11

V ⇥

La somme des chiffres de chacun des nombres de cette série est toujours égale à 11.

↳ On garde **29**

3. Réponse B

H ⇥

Succession classique intra éléments.

↳ On garde les réponses 456, 234 et 567

V ⇥

Tous les nombres de cette série sont des multiples complexes de 19. L'indice venait de 114 qui est égal à 2 × 57 = 2 × 3 × **19**. L'indice aurait également très bien pu venir de 361 qui n'est autre que le carré de 19. On vérifiait alors que 209 était également un multiple de 19 (209 = 190 + 19), tout comme 950 (50 × **19**)

↳ On garde **456** (380 + 76 = 2 × 190 + 4 × 19 ↪ multiple de 19)

4. Réponse A

Un QCM difficile !

H ⇥

Attention ! Il fallait appliquer ici la RADAR ATTITUDE (somme des chiffres) en prêtant attention au fait que la somme des chiffres des nombres de cette série est croissante.

613 ➥ 6 + 1 + 3 = **10**

65 ➥ 6 + 5 = **11**

822 ➥ 8 + 2 + 2 = **12**

? ➥ Il nous faut un nombre dont la somme des chiffres est égale à **13.**

707 ➥ 7 + 0 + 7 + **14**

↳ On garde les réponses 58 et 229

V ⇥

Tous les nombres de cette série sont des multiples complexes de 29 (évidemment ce cas est rare aux concours). Ce n'était pas évident j'en conviens ! Mais l'indice venait de 290 (égal à 10 × **29**) ou encore de 87 (3 × **29**)

↳ On garde **58** (2 × 29)

5. Réponse C

Un QCM difficile là encore !

V ⇥

On reconnaît bien sûr des carrés de nombres entiers : 169 est le carré de 13 ; 324 celui de 18 ; 121 celui de 11 et 289 celui de 17

↳ On garde les réponses 256 (carré de 16), 441 (carré de 21) et 196 (carré de 14)

H ⇥

Attention ! Il s'agit là aussi de carrés de nombres entiers sauf que ceux-ci sont écrits **à l'envers**.

En effet :

52 devient 25 à l'envers : or 25 est le carré de 5

46 devient 64 à l'envers et 64 est le carré de 8

Etc.

↳ On garde **441**, qui à l'envers s'écrit 144 (carré de 12 !!!)

6. Réponse C

V ⇥

Séparation carrés avec carrés cachés :

22|**15**|*5* ➥ $\mathbf{15}^2 = 255$

12|**11**|*1* ➥ $\mathbf{11}^2 = 121$

19|**14**|*6* ➥ $\mathbf{14}^2 = 196$

36|**19**|*1* ➥ $\mathbf{19}^2 = 361$

↳ On garde les réponses 14124, 16139 et 40200

H ⇥

La somme des chiffres des éléments de cette série est toujours égale à 20.

↳ On garde **16139**

7. Réponse B

V ⇥

Multiples complexes de 7. L'indice venait de 210 qui est égal à 10 × 21 = 10 × 3 × **7**. On savait ensuite que 441 était le carré de 21 (multiple de 7) et on s'assurait alors que 133 (140 – 7) et 336 (343 – 7) étaient également des multiples de 7.

↳ On garde les réponses 147, 119 et 161

H ⇥

Multiples complexes de 17. L'indice vient de 102 (2 × 51 = 2 × 3 × **17**)

↳ On garde sans hésiter **119** (102 + 17)

8. Réponse A

V ⇥

Multiples complexes de 13. L'indice venait de 143, carré de 13.

↳ On garde les réponses 611 et 403

H ⇥
Somme croissante inter éléments :

Somme des chiffres de 550 : 5 + 5 + 0 = **10**
Somme des chiffres de 714 : 7 + 1 + 4 = **12**
Somme des chiffres de 581 : 5 + 8 + 1 = **14**
Somme des chiffres de 187 : 1 + 8 + 7 = **16**

↳ Il nous faut donc un nombre dont la somme des chiffres est égale à **8**.

↳ On garde **611**

9. Réponse E

H ⇥
Séparation produit : le dernier chiffre multiplié par 7 est égal au nombre composé des deux premiers chiffres.
20|4 ↳ 20 = 4 × **5**.
45|9 ↳ 45 = 9 × **5**.
Etc.

↳ On garde les réponses 568, 426 et 357

V ⇥
Multiples complexes de 17.
L'indice vient bien sûr de 102 qui est égal à 2 × 51 = 2 × 3 × **17**.

↳ On garde **357**

10. Réponse B

H ⇥
La RADAR ATTITUDE nous permet de repérer des carrés de nombres entiers.

En effet : 900 est le carré de 30 (car 9 est le carré de 3 !!!), 625 est le carré de 25, 324 est le carré de 18 et 729 n'est autre que le carré de 27.

Et oui, vous n'étiez pas sans savoir que 729 était le cube de 9, soit $729 = 9^3 = 9 \times 9 \times 9 = 3 \times 3 \times 9 \times 9 = (3 \times 9) \times (3 \times 9) = 27 \times 27 = 27^2$.

↳ On garde les réponses 144, 121 et 361

<u>Astuce</u> : calculer rapidement des carrés de nombres qui terminent par 5.

Pour calculer le carré d'un nombre de deux chiffres finissant par 5, il suffit de multiplier le premier chiffre par son suivant, et d'associer au résultat obtenu le nombre 25. Ainsi, si vous désirez calculer 15^2, il suffit de multiplier le premier chiffre (qui vaut 1) par son suivant (qui vaut 2) : 1 × 2 = **2** puis d'associer 25 à 2 pour obtenir **2**25. 15 au carré est donc égal à 225. Autre exemple : calculons 35^2. On multiplie le premier chiffre (3) par son suivant (4) : 3 × 4 = 12 et on associe 25 => $35^2 = 1225$.

V →|

Une série originale qui s'appuie sur le concept de séparation produit :

12|3 ↪ 12 × 3 = **36**
4|9 ↪ 4 × 9 = **36**
18|2 ↪ 18 × 2 = **36**
6|6 ↪ 6 × 6 = **36**

↳ On garde **361** (36|1 ↪ 36 × 1 = **36**).

CHAPITRE 3

SÉRIES DOUBLES DE LETTRES : PERFECTIONNEMENT MÉTHODOLOGIQUE

Je vous propose de découvrir dans ce chapitre une méthodologie d'approche ultra-efficace des séries doubles basée sur **une méthode de résolution en 3 étapes**.

Ce perfectionnement méthodologique doit vous permettre de venir à bout de **tous** les QCM de séries doubles.

Bien entendu, tout comme pour les séries doubles de chiffres, les règles qui vont être développées dans les pages qui suivent ne remplacent nullement celles qui ont été abordées dans *Les épreuves de logique et de mathématiques aux concours des Ecoles de commerce* ou encore dans *Les Tests d'aptitude à l'entrée des Ecoles de gestion.*

L'ambition de ce chapitre est double : répertorier TOUTES les règles d'approche des séries doubles de lettres (en mettant l'accent notamment sur les derniers développements qui ont été conduits dans le domaine) tout en vous proposant un cadre méthodologique rigoureux d'approche des séries.

L'approche des séries doubles de lettres respectera 3 étapes (à appliquer dans cet ordre) :

> Etape 1 : **la RADAR ATTITUDE** : comme pour les séries doubles de chiffres, cette étape indispensable permet d'éliminer rapidement certains critères. Souvenez-vous que cette étape ne requiert aucun effort !
>
> Etape 2 : **DÉJOUER LES SUCCESSIONS** : si les séries doubles de chiffres se jouent souvent sur les multiples, vous découvrirez que les séries doubles de lettres se jouent souvent sur les **successions**. DEJOUER LES SUCCESSIONS est une étape critique puisqu'elle concerne un nombre important de séries. Elle exige que vous fassiez preuve d'un grand sens de l'observation, de concentration et surtout de beaucoup de bon sens !
>
> Etape 3 : **SÉPARER POUR MIEUX RÉGNER** : cette dernière étape fait souvent appel à votre créativité et exige que vous éprouviez quelques critères assez simples…

I. ÉTAPE 1 : LA RADAR ATTITUDE

ATTENTION : je vous conseille d'appliquer les critères suivants dans cet ordre.

1. Repérer les lettres communes

Critère très simple : vous devez repérer s'il existe des lettres communes aux différents éléments de votre série (horizontale ou verticale).

Exemple :

BAG BGS BGQ PGB

↪ Les lettres B et G sont présentes dans tous les éléments de cette série. Il faut donc chercher une solution qui contient ces deux lettres.

2. Repérer mouvements caractérisés

Les mouvements peuvent affecter les séries horizontales comme les séries verticales.

Exemples :

A. HUT KHP BPH HXQ MHW

↪ On remarque ici que la lettre H change de place d'un élément à l'autre. On dit qu'il y a mouvement horizontal. Vous remarquez effectivement que la lettre H est tout d'abord en première position dans HUT, puis en seconde position dans KHP, en troisième position dans BPH pour revenir en première position dans HXQ et finir en seconde position dans MHW.

Ces mouvements sont assez faciles à repérer. Retenez que ces mouvements peuvent se produire en **sens inverse** (KJH ; NHY ; HPS ; RBH etc.) et qu'il peuvent également être **alternés** (gauche / droite : HJL ; PMH ; HVQ ; NSH etc.)

B.

PO**K**
KUA
PP**K**
KGB
NL**K**

↪ Mouvement vertical alterné « gauche / droite ».

C.

TRA
P**T**G
GF**T**
M**T**Z
TSQ

➥ Mouvement vertical « serpentin ».

3. Calculer les sommes de lettres

Comme vous le savez, les lettres de l'alphabet sont liées à un rang. Le rang d'une lettre est égal à son ordre d'apparition dans l'alphabet. Ainsi, le rang de la lettre B, qui est la seconde lettre de l'alphabet, est égal à 2. La lettre M, elle, est la treizième de l'alphabet : son rang est donc égal à 13.

Astuce *ultra-efficace* pour trouver très rapidement le rang d'une lettre.

E	J	O	T	Y
5	10	15	20	25

En fait cette astuce peut se résumer en un mot : EJOTY. Et oui, si vous retenez ce mot et que vous connaissez pour chacune des lettres de ce mot leur rang respectif, alors vous pourrez calculer **très rapidement** les rangs de toutes les lettres de l'alphabet.

Essayez donc : si je vous demande le rang de P et bien vous allez chercher la lettre du mot EJOTY la plus proche : c'est O. Or comme le rang O est égal à 15, vous en déduisez naturellement que le rang de P (qui vient juste après O) est égal à 16.

Exemples :

A. HBC JBA EAG DDE

➥ La somme des rangs des lettres des éléments de cette série donne toujours 13.

HBC	➥	H + B + C	↳ 8 + 2 + 3	= 13
JBA	➥	J + B + A	↳ 10 + 2 + 1	= 13
EAG	➥	E + A + G	↳ 5 + 1 + 7	= 13
DDE	➥	D + D + E	↳ 4 + 4 + 5	= 13

B. BCG CIA DGC BBK

↪ Dans cet exemple, la somme des rangs des lettres des éléments de cette série est progressive.

BCG	↪	B + C + G	↳ 2 + 3 + 7	= 12
CIA	↪	C + I + A	↳ 3 + 9 + 1	= 13
DGC	↪	D + G + C	↳ 4 + 7 + 3	= 14
BBK	↪	B + B + K	↳ 2 + 2 + 11	= 15

En résumé :

ÉTAPE 1 : RADAR ATTITUDE

1. Repérer les **lettres communes**.
2. Repérer les **mouvements caractérisés.**
3. Calculer les **sommes de lettres.**

II. ÉTAPE 2 : DÉJOUER LES SUCCESSIONS

Les problèmes de succession occupent une place importante dans les sujets de séries doubles de lettres. Deux raisons peuvent expliquer cela. La première est assez évidente : il s'agit de tester si le candidat fait preuve de **bon sens** et de **cohérence**. Vous verrez en effet que certaines séries, de par leur logique de construction s'offrent volontiers au jeu des successions. La seconde raison, plus subtile, est que les successions permettent de tester l'aptitude du candidat à **voyager de façon fluide** dans un système qu'il maîtrise généralement mal d'un point de vue spatial : *l'alphabet.*

De récents développements dans la matière ont vu naître de nouveaux types de succession. Ce chapitre met précisément l'accent sur ces récents développements *(successions inter éléments, successions progressives, régressives, successions alternées, successions mouvementées etc.)* J'espère ainsi que vous appréhenderez les redoutables séries doubles de lettres avec un maximum d'efficacité.

Nota Bene : le sens de lecture joue un rôle évident dans le décodage des séries doubles de lettres. Alors désolé pour les hébraïsants, arabisants et autres japonisants mais nous lirons toujours une série horizontale de gauche à droite et une série verticale de haut en bas (ce qui ne sera d'ailleurs pas pour déplaire aux japonisants…)

1. Successions **intra** éléments

Voici pour commencer un critère très classique et connu de tous. Comme son nom l'indique, une succession **intra** élément est une succession qui se produit **à l'intérieur** même d'un élément entre deux ou plusieurs lettres. Vous allez donc tenter de mettre en exergue une relation de succession au sein d'un élément et, une fois la relation mise en exergue, vous devrez vous assurer que cette même relation existe pour **tous** les éléments de la série (raisonnement par analogie.)

Exemples :

A. QUY OSW FJN EIM

➥ Si l'on observe le premier élément de cette série QUY, on remarque que pour passer de Q à U, on a sauté trois lettres (R, S et T) et que pour passer ensuite de U à Y, on a encore sauté trois lettres (V, W et X). Il s'agirait donc ici, a priori, d'une succession intra élément. Allons voir si cette succession se reproduit pour les autres éléments de la série.

OSW ↳ **O** *pqr* **S** *tuv* **W** **ok**
FJN ↳ **F** *ghi* **J** *klm* **N** **ok**
EIM ↳ **E** *fgh* **I** *jkl* **M** **ok**

➥ La succession se reproduit au sein de **tous** les éléments. Il ne nous restera alors plus qu'à identifier la (ou les) solution(s) qui respectent ce même critère.

Attention : nous parlerons ici de **succession intra éléments |+3|**, i.e. une succession avec saut effectif de 3 lettres (hors lettres de l'élément donc)

B. TAW HZK UQX FTI

➥ Il s'agit ici d'une succession intra éléments |+2| qui s'applique aux première et troisième lettres de chacun des éléments de la série.

TAW ↳ TAW ↳ **T** *uv* **W**
HZK ↳ HZK ↳ **H** *ij* **K**
Etc.

Attention : Si une lettre ne joue aucun rôle dans la succession, nous dirons de cette lettre qu'elle est **polluante.**

C. GBX ZUH RMA VQL

➥ Succession intra éléments |-4| (appelée également succession *inverse* intra éléments |+4|) qui s'applique aux première et seconde lettres de chacun des éléments de la série (la troisième lettre est donc polluante)

GBX ↳ GBX ↳ **G** *cdef* **B**
ZUH ↳ ZUH ↳ **Z** *vwxy* **U**
Etc.

D. FHK MOR ILN NPS

➥ Succession intra éléments |+1/+2| : on observe en premier lieu un saut de 1 lettre entre la première et la seconde lettre puis un saut 2 lettres en la seconde et la troisième lettre.

FHK ↳ **F** *g* **H** *ij* **K**
MOR ↳ **M** *n* **O** *pq* **R**
Etc.

E. WSQ NJH VRP GCA

➥ Succession intra éléments |-3/-1|

WSQ ↳ **W** *tuv* **S** *r* **Q**
NJH ↳ **N** *klm* **J** *i* **H** Etc.

F. XAD QTW YBE ILO

➥ Succession intra éléments |+2|

XAD ↳ **X** *yz* **A** *bc* **D**
QTW ↳ **Q** *rs* **T** *uv* **W**

Une remarque importante : l'alphabet est certes un ensemble fini mais lorsqu'il est question de succession, **l'alphabet devient un ensemble *pseudo ouvert*.** Ainsi la lettre qui suit Z est A et si je saute trois lettres à partir de X j'atterris sur B !! Cette remarque vaut pour tous les critères liés à la résolution des séries doubles de lettres.

2. Successions **inter** éléments

Une bonne partie des récents développements conduits sur les séries doubles portent sur les successions inter éléments.

Comme son nom l'indique, une succession inter élément est une succession qui s'opère **entre les éléments**. Il convient donc ici de détecter une relation de succession entre une (ou plusieurs) lettres d'un élément et une (ou plusieurs) lettres d'un autre élément. Bien entendu, une succession inter éléments implique *TOUS* les éléments de la série.

Exemples :

A. KHY MJO OSB QWM

➥ Il s'agit ici d'une succession inter éléments |+1| qui porte sur les premières lettres des éléments de la série. Les seconde et troisième lettres des éléments de la série sont donc polluantes.

KHY MJO OSB QWM ↳ **K** *l* **M** *n* **O** *p* **Q**

B. HYB GVS ZSJ OPX

➥ Succession inter éléments |-2| portant sur les secondes lettres des éléments de la série.

HYB GVS ZSJ OPX ↳ **Y** *wx* **V** *tu* **S** *qr* **P**

C. UYG KJI CXL HEP NDU

➥ Succession inter éléments |+1/+2/+3/+4| portant sur les troisièmes lettres des éléments de la série.

UY<u>G</u> KJ<u>I</u> CX<u>L</u> HE<u>P</u> ND<u>U</u> ↳ <u>**G**</u> *h* <u>**I**</u> *jk* <u>**L**</u> *mno* <u>**P**</u> *qrst* <u>**U**</u>

D. PFH NVK LBN JMQ

➥ Succession inter éléments |-1| portant sur premières lettres et succession inter éléments |+2| portant sur les troisièmes lettres.

<u>P</u>F<u>H</u> <u>N</u>V<u>K</u> <u>L</u>B<u>N</u> <u>J</u>M<u>Q</u> ↳ <u>**P**</u> *o* <u>**N**</u> *m* <u>**L**</u> *k* <u>**J**</u>
↳ <u>**H**</u> *ij* <u>**K**</u> *lm* <u>**N**</u> *op* <u>**Q**</u>

E. JUX OBL NUW CGP RMV

➥ Succession **alternée** inter éléments |+1|. Une succession alternée est une succession de type gauche | droite ou droite | gauche.

<u>J</u>UX OB<u>L</u> <u>N</u>UW CG<u>P</u> <u>R</u>MV ↳ <u>**J**</u> *k* <u>**L**</u> *m* <u>**N**</u> *o* <u>**P**</u> *q* <u>**R**</u>

Il s'agit donc ici d'une succession gauche | droite avec saut d'une lettre d'un élément à l'autre.

F. PMG KQH VQR SPA FTB

➥ Succession **mouvementée** inter éléments |+0|

<u>P</u>MG K<u>Q</u>H VQ<u>R</u> <u>S</u>PA F<u>T</u>B

<u>**En résumé :**</u>

ÉTAPE 2 : DÉJOUER LES SUCCESSIONS

A appliquer dans cet ordre :

1. Successions <u>**intra**</u> **éléments**.

2. Successions <u>**inter**</u> **éléments.**

III. ÉTAPE 3 : SÉPARER POUR MIEUX RÉGNER

Les critères de séparation ne sont pas monnaie courante en ce qui concerne les séries doubles de lettres. La raison est évidente : l'alphabet est un espace numériquement limité *(rang min : 1 ; rang max : 26)* et la créativité du concepteur en prend alors forcément un coup. Les critères de *séparation somme* offrent heureusement quelque liberté dans la conception des sujets…

1. Séparation somme

Exemples :

A. PMC DBB UKJ MDI

↬ Le rang de la première lettre est égal à la somme des rangs des seconde et troisième lettres. Servez-vous d'**EJOTY** !!

P|MC :	P = M + C	16 = 13 + 3
D|BB :	D = B + B	4 = 2 + 2
U|KJ :	U = K + J	21 = 11 + 10
M|DI:	M = D + I	13 = 4 + 9

B. JOE EKF NRD BEC

↬ Le rang de la seconde lettre est égal à la somme des rangs des première et troisième lettres.

J|O|E :	O = J + E	15 = 10 + 5
E|K|F :	K = E + F	11 = 5 + 6
N|R|D :	R = N + D	18 = 14 + 4
B|E|C :	E = B + C	5 = 2 + 3

C. GEFF LCNA DVBX HMJK

↬ La somme des rangs des première et seconde lettres est égale à la somme des rangs des troisième et quatrième lettres.

GE|FF:	G + E = F + F	7 + 5 = 6 + 6
LC|NA:	L + C = N + A	12 + 3 = 14 + 1
DV|BX :	D + V = B + X	4 + 22 = 2 + 24
HM|JK :	H + M = J + K	8 + 13 = 10 + 11

2. Séparation produit

Exemples :

A. PHB DBB UGC MMA

↬ Le rang de la première lettre est égal au produit des seconde et troisième lettres.

P|HB :	P = H × B	16 = 8 × 2
D|BB :	D = B × B	4 = 2 × 2
U|GC :	U = G × C	21 = 7 × 3
M|MA :	M = M × A	13 = 13 × 1

B. HX AC DL FR

↬ Si l'on multiplie le rang de la première lettre par 3, on obtient le rang de la seconde lettre.

H|X :	H × 3 = X	8 × 3 = 24
A|C :	A × 3 = C	1 × 3 = 3

Etc.

En résumé :

ÉTAPE 3 : SÉPARER POUR MIEUX RÉGNER

1. Séparation **somme.**

2. Séparation **produit.**

IV. SYNTHESE

La liste des critères à retenir pour les séries doubles de lettres est, comme vous pouvez le voir, un peu plus digeste que celle que vous avez étudiée pour les séries doubles de chiffres.

Il ne faut cependant pas sous-estimer la difficulté inhérente à l'essence même des séries doubles de lettres : *elles s'appuient sur l'alphabet.* Or il ne fait plus aucun doute (toutes les études le prouvent parfaitement) que le système alphabétique demeure et demeurera toujours plus obscur (d'un point de vue logique) que le système décimal.

Mon conseil : ne négligez pas les séries doubles de lettres. Si vous parvenez à faire preuve de concentration et de bon sens, alors nul doute qu'en appliquant les critères étudiés dans ce chapitre, vous réussirez à engranger un nombre important de points précieux. N'oubliez pas que l'épreuve de Logique est souvent celle qui fait perdre un grand nombre de points aux candidats. A bon entendeur…

TABLEAU DE SYNTHESE : SERIES DOUBLES DE LETTRES

ÉTAPE 1 : RADAR ATTITUDE

1. Repérer les lettres communes.
2. Repérer les mouvements caractérisés.
3. Repérer les sommes de lettres.

ÉTAPE 2 : DÉJOUER LES SUCCESSIONS

1. Déjouer les successions intra éléments.
2. Déjouer les successions inter éléments.

ÉTAPE 3 : SÉPARER POUR MIEUX RÉGNER

1. Séparation somme.
2. Séparation produit.

CHAPITRE 4

SÉRIES DOUBLES DE LETTRES : ENTRAINEMENT INTENSIF

I. QCM 1 ÉTOILE : VALIDER LES RÉFLEXES FONDAMENTAUX

<u>Consignes</u> : 10 QCM à résoudre en 12 minutes.

(1)

	EHB			
	CCI			
LOB	?	NBG	OBQ	PYE
	LAB			
	DGD			

(A) KOP
(B) MAA
(C) FFC
(D) MNH
(E) FBF

(2)

UURP				
MAHR				
BSXT				
WAPV				
?	KPUZ	LQVA	HMRW	XCHM

(A) GMTX
(B) HAYE
(C) PUZE
(D) JUZE
(E) INSX

(3)

		KOH		
		HYA		
		NHH		
NBP	DTX	?	BCE	BIK
		GVH		

(A) JOH
(B) HEP
(C) KHS
(D) HFN
(E) NBH

(4)

?	JLA	ZPO	TTT	QXZ
TAQ				
YMV				
UVR				
IOF				

(A) UIS
(B) MHJ
(C) HHH
(D) LKJ
(E) RIO

(5)

			OQV	
			QSX	
NAT	OXO	GUW	?	AOL
			YAF	
			RTY	

(A) SRZ
(B) KMX
(C) PRW
(D) SNU
(E) IKP

(6)

GNB				
?	URM	QNI	YVQ	VSN
PSL				
WYQ				
VVV				

(A) ROJ
(B) CEH
(C) LPO
(D) OJG
(E) OLG

(7)

XJN	KJA	?	OIF	VKK
		AMO		
		MWD		
		ZMA		
		DAM		

(A) MCJ
(B) ODM
(C) SMS
(D) PCM
(E) WWS

(8)

			RUW	
			GJL	
			ORT	
			NQS	
FMA	DOX	GLV	?	ARK

(A) DGI
(B) ENW
(C) HKM
(D) PCH
(E) ACE

(9)

?	RAZ	MPW	HBJ	CDD
NKL				
HUP				
GAT				
CWX				

(A) KGB
(B) WMH
(C) SJH
(D) GBD
(E) WVD

(10)

		SHY		
		DEJ		
FWY	BTQ	?	PNN	AKO
		REX		
		NOT		

(A) JQP
(B) LPM
(C) ORU
(D) LQN
(E) JAU

II. QCM 1 ÉTOILE : CORRIGÉS COMMENTÉS

<u>**Nota Bene**</u> **:**

Dans tous les corrigés qui suivent, *H* signifiera : « série horizontale » tandis que *V* signifiera « série verticale ».

1. Réponse B

H ⇥

RADAR ATTITUDE : la somme des rangs des lettres des éléments de cette série est toujours égale à 15.

EHB	↪	E + H + B = 5 + 8 + 2 = **15**
CCI	↪	C + C + I = 3 + 3 + 9 = **15**
LAB	↪	L + A + B = 12 + 1 + 2 = **15**
DGD	↪	D + G + D = 4 + 7 + 4 = **15**

↳ On garde les réponses MAA et FFC

V ⇥

SUCCESSION INTER : succession inter élément |+0| portant sur la première lettre.

<u>L</u>OB ? <u>N</u>BG <u>O</u>BQ <u>P</u>YE

↳ Il nous faut un élément qui avec M comme première lettre.

↳ On garde la réponse **MAA**

2. Réponse E

V ⇥

Faisons preuve de bon sens ici !

La RADAR ATTITUDE ne donne rien… mais alors rien du tout !

Passons alors tout de suite aux successions INTRA et essayons toutes les possibilités. Entre les première et seconde lettres : bien sûr que non ! Entre les première et troisième lettres, non plus ! Entre les seconde et les troisième… toujours pas et ainsi de suite. Il nous est possible, d'un seul coup d'œil, d'éliminer la piste INTRA.

Passons alors sans tarder aux successions INTER. Le bon sens nous interdit de penser qu'il existe quelque succession INTER au niveau de la première, de la seconde ou encore de la troisième lettre. En revanche… la quatrième lettre joue parfaitement le jeu de la succession INTER.

Et oui, il fallait en effet détecter une succession INTER |+1| portant sur la quatrième lettre des éléments de la série.

UUR<u>**P**</u> MAH<u>**R**</u> BSX<u>**T**</u> WAP<u>**V**</u> ? ↳ **P** *q* **R** *s* **T** *u* **V** *w* **X**

↳ Il nous faut un élément avec X comme dernière lettre.

↳ On garde les réponses GMTX et INSX

V →|

Faisons là encore preuve de bon sens. La RADAR ATTITUDE ne donne rien !

On passe alors à la succession INTRA et le tour est joué. En effet, l'indice vient du fait qu'au sein d'un élément, les lettres se suivent de façon harmonieuse, sans heurt, sans à coup. On détecte alors une succession INTRA |+4| et on rappelle au passage qu'après Z il y a A !!

KPUZ	↳	**K** *lmno* **P** *qrst* **U** *vwxy* **Z**
LQVA	↳	**L** *mnop* **Q** *rstu* **V** *wxyz* **A**
HMRW	↳	**H** *ijkl* **M** *nopq* **R** *stuv* **W**
XCHM	↳	**X** *yzab* **C** *defg* **H** *ijkl* **M**

↳ On garde la réponse **INSX**

3. Réponse D

V →|

RADAR ATTITUDE : mouvement caractérisé droite – gauche portant sur la lettre H.

Il nous faut donc un H comme première lettre dans l'élément solution.

↳ On garde les réponses HEP et HFN.

H →|

SEPARATION SOMME : le rang de la troisième lettre est égal à la somme des rangs des deux premières lettres.

NB|P :	N + B = P	14 + 2 = 16
DT|X :	D + T = X	4 + 20 = 24
BC|E :	B + C = E	2 + 3 = 5
BI|K :	B + I = K	2 + 9 = 11

↳ On garde la réponse **HFN**

4. Réponse B

V ⇥

Succession INTRA éléments |-2| entre la première et la troisième lettre.

TAQ ↪ **T** *rs* **Q**

↳ On garde les réponses MHJ et RIO

H ⇥

Succession INTER éléments |+3| portant sur la seconde lettre. Il nous faut donc une solution avec un H comme seconde lettre.

↳ On garde la réponse **MHJ**

5. Réponse C

V ⇥

Succession INTRA éléments |+1/+4|

OQV ↪ **O** *p* **Q** *rstu* **V**

↳ On garde les réponses PRW et IKP

H ⇥

Succession INTER éléments |-2| portant sur la seconde lettre.

NAT OXO GUW ? AOL ↳ **A** *yz* **X** *vw* **U** *st* **R** *pq* **O**

↳ On garde la réponse **PRW**

6. Réponse E

V ⇥

Succession INTER éléments |+4| portant sur la troisième. Il nous faut donc une solution avec un G pour troisième lettre.

GNB ? PSL WYQ VVV ↳ **B** *cdef* **G** *hijk* **L** *mnop* **Q** *rstu* **V**

↳ On garde les réponses OJG et OLG

H ⇥

Succession INTRA éléments |-2/-4|.

URM ↳ <u>**U**</u> *st* <u>**R**</u> *nopq* <u>**M**</u>

↳ On garde la réponse **OLG**

7. Réponse D

V ⇥

RADAR ATTITUDE : mouvement caractérisé de type « serpentin » portant sur la lettre M.

↳ On garde les réponses ODM et PCM

H ⇥

SEPARATION SOMME : le rang de la première lettre est égal à la somme des rangs des seconde et troisième lettres.

↳ On garde la réponse **PCM**

8. Réponse C

V ⇥

Succession INTRA éléments |+2/+1|

↳ On garde les réponses HKM et DGI

H ⇥

RADAR ATTITUDE : la somme des rangs des deux premières lettres est toujours égale à 19.

↳ On garde la réponse **HKM**

9. Réponse B

V ⇥

Succession INTER éléments |+3| portant sur la troisième lettre. Il nous faut ici une solution avec un H comme troisième lettre.

↳ On garde les réponses WMH et SJH

H ⇥

Succession INTER éléments |-4| portant sur la première lettre.

↳ On garde la réponse **WMH**

10. Réponse A

V ⇥

Succession INTRA éléments |+5| entre les première et troisième lettres des éléments de la série. La seconde lettre est donc parfaitement polluante.

↳ On garde les réponses JQP et ORU

H ⇥

Succession INTER éléments |-2| portant sur la seconde lettre.

↳ On garde la réponse **JQP**

III. QCM 2 ÉTOILES : MAÎTRISER LES SUBTILITÉS

Les QCM 2 étoiles permettent de tester la maîtrise parfaite des critères d'étude des séries doubles de lettres (traitement des successions, séparation…) ainsi que la capacité du candidat à observer attentivement certains mouvements doublés de successions.

Il convient donc ici de rester parfaitement concentré du début à la fin de cette batterie et d'appliquer, comme toujours, très méthodiquement les différents critères d'étude des séries doubles de lettres.

Bon courage !

<u>Consignes</u> : **10 QCM à résoudre en 12 minutes.**

(1)

		ZAL		
VZF	DHN	?	PTZ	KOU
		BCN		
		OQW		
		WZP		

(A) PTZ
(B) WML
(C) MQW
(D) XBH
(E) MXZ

(2)

				OLA
EGY	JKO	NNJ	QDA	?
				VSF
				WXJ
				AZO

(A) GMT
(B) HEC
(C) PUZE
(D) JUZE
(E) SEC

(3)

CFKR	EHMT	?	PSXE	ADIP
		FCNP		
		JWRA		
		NNVS		
		RLZD		

(A) DGLS
(B) BEJQ
(C) NJAL
(D) BHJR
(E) LANG

(4)

NXS
MAK
HLQ
CYE
?

(A) MUC
(B) KLC
(C) GOW
(D) BJR
(E) BGP

(5)

			LPZEM	
			ZPJKE	
			NHINJ	
JOWLC	MXFSE	PAXVG	?	BSZDK
			EAWSD	

(A) OPZJH
(B) WGINJ
(C) LNLMI
(D) FSREP
(E) HGUZI

(6)

			EYE	
			CLD	
FVO	BWJ	XQF	?	EZA
			MZB	
			AJJ	

(A) LOP
(B) HZC
(C) PLX
(D) HXC
(E) DPD

(7)

?	MOS	ZBF	YAE	NPT
BHL				
WSQ				
MPV				
RDA				

(A) ACG
(B) FKP
(C) OQU
(D) BDG
(E) FKD

(8)

		HGC		
		KBE		
		BBN		
ROL	QNK	?	NKH	XUR
		APA		

(A) FGD
(B) FKP
(C) IFC
(D) JEC
(E) PLN

(9)

QMG	?	SOI	KGA	UQK
	INB			
	KAM			
	QWG			
	CHU			

(A) LHB
(B) PME
(C) LNX
(D) OKE
(E) SUX

(10)

			OAM	
			BNH	
JUV	MKN	XGL	?	ZNQ
			WLA	
			KOR	

(A) COM
(B) MAM
(C) NJU
(D) MCN
(E) JUW

IV. QCM 2 ÉTOILES : CORRIGÉS COMMENTÉS

1. Réponse C

V →|
Succession **alternée** INTER éléments |+0| de type droite - gauche.

ZA**L**
?
BC**N**
OQW
WZ**P**

Il nous faut par conséquent un élément avec un M en première position.

↳ On garde les réponses MQW et MXZ

H →|
Succession INTRA éléments |+3/+5|.

↳ On garde la réponse **MQW**

2. Réponse E

V →|
Succession **progressive** INTER éléments |+1/+2/+3/+4| portant sur les troisièmes lettres des éléments.

OL**A**
-- **C**
VS**F**
WX**J**
AZ**O**

↳ **A** *b* **C** *de* **F** *ghi* **J** *klmn* **O**

Il nous faut donc un élément solution avec un C comme troisième lettre.

↳ On garde les réponses HEC et SEC

H →|

Succession **régressive** INTER éléments |+4/+3/+2/+1| portant sur les premières lettres des éléments de la série.

EGY JKO NNJ QDA S --

E *fghi* J *klm* N *op* Q *r* S

↳ On garde la réponse **SEC**

3. Réponse B

H →|

Succession **progressive** INTRA éléments |+2/+4/+6|

↳ On garde les réponses DGLS et BEJQ

V →|

Succession INTER éléments |+3| portant sur les première et troisième lettres.

↳ On garde la réponse **BEJQ**

4. Réponse D

V →|

Succession **alternée** INTER éléments |-2| de type droite-gauche

NXS
MAK
HLQ
CYE
B - -

↳ On garde les réponses BJR et BGP

H →|

Succession INTRA éléments |+7|

↳ On garde la réponse **BJR**

5. Réponse E

V ⇥
Succession **mouvementée** INTER éléments |-1|

LPZE**M**
ZPJ**K**E
NH**I**NJ
- **G** - - -
EAWSD

↳ On garde les réponses WGINJ et HGUZI

H ⇥
Succession INTER éléments |+1| portant sur les cinquièmes lettres des éléments de la série.

JOWL**C**	MXFS**E**	PAXV**G**	- - - - **I**	BSZD**K**

↳ On garde la réponse **HGUZI**

6. Réponse D

V ⇥
SEPARATION PRODUIT : le rang de la lettre centrale (seconde lettre) est égal au produit des rangs des lettres extérieures (premières et troisièmes lettres).
E|T|D ➥ T = E × D 20 = 5 × 4

↳ On garde les réponses HXC et DPD

H ⇥
Succession **régressive** INTER éléments |-4/-3/-2/-1| portant sur la dernière lettre des éléments de la série.

FV**O**	BW**J**	XQ**F**	- - **C**	EZ**A**

O *klmn* **J** *ghi* **F** *de* **C** *b* **A**

↳ On garde la réponse **HXC**

7. Réponse A

V ⇥

Succession INTER éléments |+4| portant sur les troisièmes lettres des éléments de la série. Il nous faut donc une solution dont la troisième lettre est un G.

↳ On garde les réponses ACG et BDG

H ⇥

Succession INTRA éléments |+1/+3|.

↳ On garde la réponse **ACG**

8. Réponse C

V ⇥

RADAR ATTITUDE : la somme des rangs des lettres des éléments de la série est toujours égale à 18.

↳ On garde les réponses IFC et JEC

Conseil : n'oubliez pas d'attaquer une série qui ne vous « parle » pas plus que ça avec les critères de la RADAR ATTITUDE. Cela vous permettra de balayer à toute vitesse certains critères simples à éprouver et de passer ainsi à la seconde étape (DEJOUER LES SUCCESSIONS) l'esprit tranquille.

H ⇥

Succession INTRA éléments |-2|

↳ On garde la réponse **IFC**

9. Réponse D

H ⇥

Succession INTRA éléments |-3/-5|

↳ On garde les réponses LHB et OKE

V →|

Succession **alternée** INTER éléments |+3| de type droite-gauche.

- - **E**
INB
KA**M**
QWG
CH**U**

↳ On garde la réponse **OKE**

10. Réponse B

H →|

Succession **mouvementée** INTER éléments |+0|

JUV	M**K**N	XG**L**	**M** - -	Z**N**Q

↳ On garde les réponses MAM et MCN

V →|

Succession **mouvementée** INTER éléments |-0| de type serpentin.

OAM
B**N**H
- - **M**
W**L**A
KOR

↳ On garde la réponse **MAM**

V. QCM 3 ÉTOILES : ÉPROUVER SA CRÉATIVITÉ

Les QCM 3 étoiles sont destinés à repousser les limites de votre sens de l'observation ainsi que celles de votre concentration. Les QCM 3 étoiles vont notamment encore plus loin dans l'étude des successions INTRA et INTER.

Mais les QCM 3 étoiles se proposent également de stimuler votre créativité. Vous découvrirez ainsi certaines séries prospectives dites « créatives » qui font appel à une nouvelle génération de critères. Il y a évidemment peu de chance pour que ces critères nouvelle génération apparaissent dans une épreuve de TAGE MAGE ou de TAGE 2 (quoique… ;-) mais j'ai pensé qu'il était temps ici que vous voyiez « autre chose » !

Consignes : 10 QCM à résoudre en 12 minutes.

(1)

	YWD			
VLT	?	JMP	NSW	JAL
	LOM			
	SKR			
	UGN			

(A) RTT
(B) PSR
(C) TRI
(D) RSF
(E) FRT

(2)

				HUY
				MSU
YJN	TAX	PAC	MBW	?
				DOM
				WMI

(A) SPP
(B) KQQ
(C) LOQ
(D) KRR
(E) LQQ

(3)

				BHU
				CAF
				JOP
				WON
BCF	JAB	MBB	GIC	?

(A) RAD
(B) HJB
(C) MGC
(D) TCR
(E) RBA

(4)

	LPM			
	OWA			
HEB	?	MNO	CHM	TKB
	UMP			
	XOR			

(A) RBD
(B) HJB
(C) RVZ
(D) TCR
(E) NQT

(5)

				IUO
				MOJ
				JEF
				CIC
EHT	IWG	JCN	XRN	?

(A) URB
(B) STA
(C) TER
(D) SRB
(E) RVA

(6)

FMT	NUB	?	IPW	JQX
		HBU		
		WSP		
		LAK		
		TEF		

(A) KSX
(B) KRY
(C) FAZ
(D) LXB
(E) LSZ

(7)

				GTL
				PJW
				HZM
				NFL
KAT	MUP	PCL	TFH	?

(A) YLD
(B) YKC
(C) JAL
(D) XMD
(E) NJA

(8)

				JPB
HUM	PAL	PAY	CFT	?
				XJN
				CGT
				NDZ

(A) XNJ
(B) YMB
(C) FAZ
(D) XMH
(E) YLH

(9)

				CRW
				TAF
EHQ	NGS	DXJ	NOY	?
				NJL
				OIK

(A) JRP
(B) ITQ
(C) JSP
(D) ITS
(E) ISQ

(10)

			FEA	
			QJM	
			COW	
DXF	DHB	MZB	?	ASS
			UYO	

(A) DSE
(B) STD
(C) DTE
(D) FTB
(E) FRC

VI. QCM 3 ÉTOILES : CORRIGÉS COMMENTÉS

1. Réponse D

V ⇥

Succession INTER éléments |-3| portant sur les secondes lettres des éléments de la série.

Y**W**D
- **S** -
L**O**M
S**K**R
U**G**N

G *hij* **K** *lmn* **O** *pqr* **S** *tuv* **W**

↳ On garde les réponses PSR et RSF

H ⇥

Succession **alternée** INTER éléments |-1| de type droite-gauche.

VL**T**	**R** - -	JM**P**	**N**SW	JA**L**

T *s* **R** *q* **P** *o* **N** *m* **L**

↳ On garde la réponse **RSF**

2. Réponse B

V ⇥

Succession INTER éléments |-1| portant sur les secondes lettres des éléments de la série et succession INTER éléments |-3| portant sur les troisièmes lettres.

Il nous faut donc une solution avec un Q en seconde lettre et un autre Q en troisième lettre.

↳ On garde les réponses KQQ et LQQ

Arrivés ici, vous devez absolument vous réalisez que vous allez devoir vous concentrer exclusivement sur la première lettre des éléments de la série puisque les dés sont déjà jetés pour les seconde et troisième lettres. En a en effet gardé deux solutions qui ont des secondes et troisièmes lettres parfaitement identiques.

H ⇥

Succession **régressive** INTER éléments |-4/-3/-2 /-1| portant sur les premières lettres des éléments de la série. Il nous faut donc une solution avec en K comme première lettre.

↳ On garde la réponse **KQQ**

3. Réponse A

H ⇥

La somme des rangs des lettres annonce une suite croissante de nombres premiers.

BCF	↪	B + C + F = 2 + 3 + 6 = **11**
JAB	↪	J + A + B = 10 + 1 + 2 = **13**
MBB	↪	M + B + B = 13 + 2 + 2 = **17**
GIC	↪	G + I + C = 7 + 9 +3 = **19**

Il nous faut donc une solution dont la somme des rangs de ces lettres est égale à 23 (le nombre premier qui vient juste après 19.)

↳ On garde les réponses RAD et MGC

V ⇥

Succession **alternée** INTER éléments |+3| de type gauche-droite.

BHU
CA**F**
JOP
WO**N**
R - -

↳ On garde la réponse **RAD**

4. Réponse C

V ⇥

Succession INTER éléments |+2| portant sur les premières lettres des éléments de la série. Il nous faut une réponse avec un R comme première lettre.

↳ On garde les réponses RBD et RVZ

H ⇥

Les rangs des secondes lettres des éléments de cette série sont toujours égaux à la moyenne des premières et troisièmes lettres.

H**E**B	➥	E = (H + B)/2	5 = (8 + 2)/2
M**N**O	➥	N = (M + O)/2	14 = (13 + 15)/2
C**H**M	➥	H = (C + M)/2	8 = (3 + 13)/2
T**K**B	➥	K = (T + B)/2	11 = (20 + 2)/2

↳ On garde la réponse **RVZ**

5. Réponse B

V ⇥

Succession **régressive** INTER éléments |-4/-3/-2/-1| portant sur les troisièmes lettres des éléments de la série. Il nous faut une réponse avec un A comme troisième lettre.

↳ On garde les réponses STA et RVA

H ⇥

Succession **alternée** *ET* **progressive** INTER éléments |+1/+2/+3/+4| de type gauche-droite.

EHT IW**G** **J**CN XR**N** **S** - -

E *f* **G** *hi* **J** *klm* **N** *opqr* **S**

↳ On garde la réponse **STA**

6. Réponse E

H ⇥

Succession INTRA éléments |+6|

Attention avec NUB : pour rappel, il y a retour dans l'alphabet.

↳ On garde les réponses KRY et LSZ

V ⇥

Succession INTER éléments |-4| portant sur les troisièmes lettres des éléments de la série.

↳ On garde la réponse **LSZ**

7. Réponse A

V ⇥

Série **mouvementée** INTER élément |-1| de type serpentin.

GT**L**
P**J**W
HZM
N**F**L
- - **D**

↳ On garde les réponses XMD et YLD

H ⇥

Succession **progressive** INTER éléments |+1/+2/+3/+4| portant sur les premières lettres des éléments de la série *ET* succession INTER |-3| portant sur les troisièmes lettres.

↳ On garde la réponse **YLD**

8. Réponse D

H ⇥

Série **alternée** INTER élément |+3| de type gauche-droite.

HUM PA**L** **P**AY CF**T** **X** - -

↳ On garde les réponses XNJ et XMH

V ⇥

Succession INTER éléments |-2| portant sur les secondes lettres des éléments de la série *ET* succession INTER |+5| portant sur les troisièmes lettres.

↳ On garde la réponse **XMH**

9. Réponse E

H ⇥

Série **mouvementée** INTER éléments |+1/+2/+3/+4| de type.

EHQ N**G**S DX**J** **N**OY - **S** -

↳ On garde les réponses JSP et ISQ

V ⇥

Succession **alternée** INTER éléments |+2| de type **gauche-droite** *ET* succession alternée INTER éléments |-2| **droite-gauche.**

CRW
TA**F**
I - -
NJ**L**
OIK

CR<u>**W**</u>
<u>**T**</u>AF
- - <u>**Q**</u>
<u>**N**</u>JL
OI<u>**K**</u>

↳ On garde la réponse **ISQ**

10. Réponse C

H ⇥

Le **produit** des rangs des deux lettres **extérieures** est égal au rang de la lettre **centrale.**

↳ On garde les réponses DTE et FRC

V ⇥

Succession INTER éléments |+4| portant sur la seconde lettre des éléments de la série.

↳ On garde DTE.

TROISIEME PARTIE

SÉRIES DE RAISONNEMENT

CHAPITRE 1

SÉRIES SIMPLES ET SÉRIES MIXTES

Ce chapitre fait suite au chapitre *Séries de raisonnement* que vous avez pu découvrir dans *Les épreuves de logique et de mathématiques*.

CIBLE 1 (entraînement indispensable):
SESAME, PASSERELLE (ARPEGE), TESTS ESSEC, IPAG…
CIBLE 2 (entraînement non indispensable mais fortement recommandé):
TAGE MAGE, TAGE 2, PROFILS…

Dans toutes les questions qui suivent, un point d'interrogation peut laisser la place à un chiffre, un nombre, une lettre, un mot, un signe…

I. BATTERIE 1 : SÉRIES SIMPLES DE CHIFFRES

Vous disposez de **25 minutes** pour répondre aux **30 QCM** qui suivent.

(1)
17 16 14 13 11 10 **?** **?**

(2)
234 433 632 831 **?**

(3)
8928 8905 8882 8859 **?**

(4)
6 7 11 20 36 61 **?**

(5)
11 12 32 43 92 95 188 **?**

(A) 297
(B) 197
(C) 299
(D) 298
(E) 169

(6)

1 4 9 25 36 49 64 81 100 **?**

(7)

5346 8723 9757 2002 6490 **?**

(A) 9876
(B) 9862
(C) 4222
(D) 5675
(E) 1287

(8)

1 9 25 49 81 121 **?**

(9)

1 8 27 64 125 216 **?**

(10)

2 3 5 7 11 13 17 19 23 29 31 **?** **?**

(11)

7 14 56 336 2688 26880 **?**

(12)

63 189 567 1701 **?**

(13)

3 8 14 30 58 **?**

(14)

17285 81239 78008 71627 **?**

(A) 87162
(B) 78990
(C) 87777
(D) 62366
(E) 72631

(15)

1 11 21 1211 111221 312211 **?**

(16)

5 7 10 15 22 33 46 63 82 105 **?**

(17)

23 92 368 1472 **?**

(18)

9218 3412 8972 2714 **?**

(A) 6530
(B) 7623
(C) 6442
(D) 8847
(E) 7162

(19)

1 6 11 4 9 **?**

(20)

10 5 12 7 2 **9**

(21)

2 3 10 26 72 196 **?**

(22)

6000 3000 1000 250 **?**

(23)

34 204 1020 4080 12240 **?**

(24)

256 289 324 361 400 **?**

(25)

13,5 15,5 19,5 25,5 **?**

(26)

96959595 57 12 **?**

(27)

77 49 36 18 **?**

(28)

4800	960	240	80	**?**	**?**

(29)

43	85	168	329	**?**

(30)

6	12	48	384	6144	**?**

II. BATTERIE 1 | CORRIGÉS COMMENTÉS

(1)

17 16 14 13 11 10 **8** **7**

Progression arithmétique assez simple ici de type -1 | -2.

(2)

234 433 632 831 **1030**

Progression arithmétique : on ajoute 199 en passant d'un terme à l'autre.

(3)

8928 8905 8882 8859 **8836**

Progression arithmétique : on retranche 23 en passant d'un terme à l'autre.

(4)

6 7 11 20 36 61 **97**

La progression est la suivante : +1 (1^2) ; +4 (2^2) ; +9 (3^2) ; +16 (4^2) ; +25 (5^2). Concrètement, on a ajouté à chaque fois le carré d'un nombre entier. Le prochain carré est le carré de 6 qui vaut 36. Soit 61 + 36 = 97.

(5)

11 12 32 43 92 95 **298**

Une série assez difficile puisqu'il fallait faire la somme des chiffres de chacun des éléments en présence pour obtenir la suite de nombres suivants : **2** | **3** | **5** | **7** | **11** | **13** | **17**. On reconnaît alors la suite des premiers nombres premiers (nombres qui ne sont divisibles que par 1 et par eux-mêmes). On en déduit que la somme des chiffres du nombre qui complète la série doit être égale à 19 (le nombre premier qui vient juste après 17).

Le seul nombre proposé en solution dont la somme des chiffres est égale à 19 est 298.

Nota Bene : lorsque vous ne voyez pas de progression (arithmétique, géométrique ou autre) pointer à l'horizon, commencez à vous intéresser à **ce qui se passe à l'intérieur de chacun des éléments**. Regardez si les éléments sont des carrés ou des cubes de nombres entiers. Regardez ce que donne la somme des chiffres ; le produit des chiffres, etc.

(6)

1 4 9 25 36 49 64 81 100 **121**

Il s'agit ici de la suite des premiers carrés parfaits. 121 est le carré de 11.

<u>Un conseil</u> : apprenez parfaitement vos carrés parfaits de 1 à 20 par cœur. Cela vous permettra d'être parfaitement à l'aise dans la conduite de calculs mentaux. Mais cela vous aidera aussi à les reconnaître au premier coup d'œil (indispensable notamment pour les *Séries doubles*)

On pouvait également trouver 121 en remarquant que l'on passe d'un élément à l'autre en faisant +3 | +5 | +7 | +9 | +11 etc.

<u>Astuce</u> : en fait, si vous connaissez le carré d'un entier N, il suffit d'ajouter $2N + 1$ à ce carré <u>pour calculer le carré de l'entier suivant.</u>

Si je vous donne par exemple $12^2 = 144$, alors vous pouvez calculer très vite 13^2 qui vaut $144 + 2 \times 12 + 1 = 144 + 24 + 1 = 169$. Ici, 100 est le carré de 10, il suffit donc d'ajouter 21 ($2 \times 10 + 1$) pour trouver 121.

(7)

5346 8723 9053 2002 6490 **1287**

Voici une application directe du **critère de divisibilité d'un nombre par 11.**

Un nombre est divisible par 11 si la somme des chiffres de rang impair *moins* la somme des chiffres de rang pair est égale à un multiple de 11 (i.e. 0, 11, 22 etc.)

Ici, tous nos éléments sont des multiples de 11. La seule solution qui donne un multiple de 11 est 1287 ($(1 + 8) - (2 + 7) = 0$)

(8)

1 9 25 49 81 121 **169**

Vous avez reconnu ici la suite des carrés parfaits de nombres entiers impairs. 1 est le carré de **1** ; 9 est le carré de **3** ; 25 est le carré de **5** ; etc. Il nous manque donc le carré de 13 qui est égal à **169**.

Que vaut le carré de 19 ???

Vous avez mis plus de 5 secondes pour répondre ! Si oui, allez vite réviser vos carrés !

(9)

1 8 27 64 125 216 **343**

Suite des cubes des premiers nombres entiers. 1 est le cube de 1 ; 8 est le cube de 2 ; 27 le cube de 3 etc. 216 étant le cube de 6, nous devions compléter la série avec le cube de 7 qui vaut **343**.

(10)

2	3	5	7	11	13	17	19	23	29	31	**37**	**41**

J'espère que vous avez tous reconnu ici la suite des **premiers nombres premiers**, ces nombres qui ne sont divisibles que par 1 et par eux-mêmes. Après 41, vous trouverez 43 puis 47, 53 etc.

(11)

7	14	56	336	2688	26880	**322560**

Et oui, il faut être bon en calcul mental… il faut même être très vif le jour du concours. En fait, il s'agit ici d'une progression de type : × 2 | × 4 | × 6 | × 8 | × 10 | × 12.

On trouve donc 322560 qui est égal à 26880 × 12.

(12)

63	189	567	1701	**5103**

Progression géométrique de premier terme **63** et de raison **3**.

5103 s'obtient donc tout simplement en multipliant 1701 par 3.

(13)

3	8	14	30	58	**118**

Progression du type × **2** ; + **2** | × **2** ; – **2**.

Le terme qui complète la série est donc égal à 58 × 2 + 2, soit 118

(14)

17285	81239	78008	71627	**62366**

Il faut voir ici que la somme des chiffres de chacun des éléments de notre série est toujours égale à **23**. La seule solution dont la somme des chiffres est égale à 23 est 62366.

(15)

1	11	21	1211	111221	312211	**13112211**

Sacré Albert ! Voici juste pour vous une série créée par Albert EINSTEIN qui a toujours cherché à réconcilier les êtres humains avec les nombres…

Il fallait voir ici que le deuxième terme de la série : 11 ne se lit pas « onze » mais « un un ». Et oui, chaque terme de la série, à partir du second, s'obtient en décrivant les chiffres du terme qui le précède.

Ainsi, dans le nombre 11 (2nd terme) il y a « deux un » et c'est pour cela que le terme qui suit 11 est 21. Dans 21, il y « un deux (et) un un » d'où 1211. Dans 1211, on voit d'abord « un un » ; « un deux » puis « deux un » d'où 111221 et ainsi de suite.

Dans le terme 312211, on voit « un trois ; un un ; deux deux ; deux un » d'où la solution : 13112211

(16)

5	7	10	15	22	33	46	63	82	105	**134**

La progression est la suivante : +2 | +3 | +5 | +7 | +11 | +13 | +17 | +19 | +23… et oui vous avez reconnu la suite des premiers nombres premiers. Il fallait donc ajouter 29 (le nombre premier qui vient juste après 23) à 105 pour obtenir 134.

(17)

23	92	368	1472	**5888**

Progression géométrique de premier terme **23** et de raison **4**.

5888 s'obtient donc tout simplement en multipliant 1472 par 4.

(18)

9218	3412	8972	2714	**6530**

En fait, les termes qui composent cette série ont la particularité suivante : lorsque l'on multiplie le premier chiffre par le second, on obtient le nombre composé par les troisième et quatrième chiffres. Ainsi, pour 9218, on a bien : **9** × **2** = **18.**

La seule solution qui répondait à cette contrainte est donc 6530, solution pour laquelle on a bien : 6 × 5 = 30.

(19)

1	6	11	4	9	**2**

Il s'agit en fait ici d'une progression de type « horloge ». En effet, pour passer de **1** heure à **6** heures on fait « +5 heures », de **6** heures à **11** heures, « +5 heures » et de **11** heures à **4** heures, encore « +5 heures » et ainsi de suite… Bonne réponse : **2** (9 heures + 5 heures = 2 heures)

Nota Bene : nous avons bien entendu raisonné avec une horloge classique avec des valeurs AM/PM.

(20)

10	5	12	7	2	**9**

Il s'agit en fait ici d'une progression de type « horloge » inverse. En effet, pour passer de **10** heures à **5** heures on fait « -5 heures », de **5** heures à **midi (12** heures) on fait encore « -5 heures » et ainsi de suite… d'où la réponse 9 (heures). En effet, pour passer de 2 heures à 9 heures on fait bien « -5 heures ».

(21)

2	3	10	26	72	196	**536**

Un QCM original : il convient d'abord ici de faire la somme des deux premiers termes de la série puis de multiplier cette somme par 2. Le 3ème terme : 10 s'obtient donc en faisant (2 + 3) × **2**. Chacun des termes de la série se construit alors sur le même principe en faisant la somme des deux précédents et en multipliant ensuite cette somme par 2. Ainsi pour obtenir 26, il faut faire (3 + 10) × 2 et ainsi de suite.

La bonne réponse 536 s'obtient donc en faisant : (72 + 196) × 2

(22)

6000	3000	1000	250	**50**

Division *croissante* par 2, par 3, par 4 puis par 5.

6000/**2** = 3000 ; 3000/**3** = 1000 ; 1000/**4** = 250 ; 250/**5** = 50.

(23)

34	204	1020	4080	12240	**24480**

Multiplication *décroissante* par 6, par 5, par 4, par 3, puis par 2.

34 × **6** = 204… 12240 × **2** = 24480

(24)

256	289	324	361	400	**441**

Vous avez reconnu ici une suite de carrés parfaits. 256 est le carré de 16 ; 289 est le carré de 17 ; 324 le carré de 18 et ainsi de suite. Après 400 qui est le carré de 20, il ne nous manquait plus que 441, le carré de 21.

(25)

13,5	15,5	19,5	25,5	**33,5**

Addition *croissante* : +2 ; +4 ; +6 ; **+8**
Ainsi 33,5 = 25,5 + **8**

(26)

96959595	57	12	**3**

Voici un QCM très intéressant. Il fallait calculer la somme des chiffres du premier terme. La somme des chiffres donnait 57. On calculait ensuite la somme des chiffres de 57 pour trouver 12 et enfin, la somme des chiffres de 12 pour trouver 3 !

Nota Bene : quand vous avez des termes très grands comme 96959595, pensez à « creuser » à l'intérieur du terme… en faisant la somme ou le produit des chiffres par exemple.

(27)

77	49	36	18	**8**

Un QCM difficile. Je ne vous ai pas épargné sur ce coup là !

Si vous faîtes le produit des chiffres du premier terme 77 vous obtenez 49, le second terme. Si vous faîtes ensuite le produit des chiffres de 49, vous obtenez 36 et ainsi de suite. Il fallait donc trouver 8 ici qui est égal au produit des chiffres de 18 (1 × 8)

(28)

4800	960	240	80	**40**	**40**

Division *décroissante* par 5, par 4, par 3, par 2, puis par 1.
80 / **2** = 40 et 40 / **1** = 40

(29)

43	85	168	329	**662**

Une série somme toute assez classique.

43	×	**2**	–	***1***	=	85
85	×	**2**	–	***2***	=	168
168	×	**2**	–	***3***	=	333
333	×	**2**	–	***4***	=	662

Nota Bene : comme vous le voyez, il faut que vous soyez très agile en calcul mental et que vous ayez un bon sens des ordres de grandeur si vous souhaitez venir à bout des séries les plus compliquées le jour du concours. Un entraînement intensif s'impose donc à vous !

(30)

6	12	48	384	6144	**196608**

Multiplication géométrique *croissante* de type : × 2 | × 4 | × 8 | × 16 | × 32.

196608 s'obtient donc en multipliant 6144 par 32.

III. BATTERIE 2 : SÉRIES SIMPLES DE LETTRES

Vous disposez de **12 minutes** pour répondre aux **15 QCM** qui suivent.

(1)

F	J	N	R	V	**?**

(2)

J	F	B	X	T	**?**

(3)

B	G	L	Q	V	**?**

(4)

W	R	M	H	C	**?**

(5)

F	N	V	D	L	**?**

(6)

A	C	F	J	O	**?**

(7)

H	A	U	P	L	**?**

(8)

A	D	I	P	**?**

(9)

D	N	O	S	A	**?**

(10)

U	D	T	Q	C	**?**

(11)

B	C	E	H	M	**?**

(12)

Y	T	O	J	**?**

(13)

HBC XAB HAE **?**

(A) LBD
(B) BCX
(C) LHA
(D) BHX
(E) DLA

(14)

KLW JIS MCP **?**

(A) GDF
(B) NES
(C) LPO
(D) JUN
(E) LNY

(15)

B C E G K M Q S **?**

IV. BATTERIE 2 | CORRIGÉS COMMENTÉS

(1)

F J N R V **Z**

Saut de 3 lettres, dans l'ordre de l'alphabet.

Ainsi passe-t-on de V à Z en sautant W, X et Y.

(2)

J F B X T **P**

Saut de 3 lettres, dans l'ordre *inverse* de l'alphabet.

Ainsi passe-t-on de T à P en sautant S, R puis Q.

Nota Bene : comme vous le voyez, dans cette série, l'alphabet n'est pas compact. Il est en effet possible de refaire un tour dans l'alphabet ; d'en sortir et d'y rentrer. Ainsi, pour passer de B à X, on a sauté A, Z et Y… on est re-rentré dans l'alphabet.

(3)

B G L Q V **A**

Saut de 4 lettres dans l'ordre de l'alphabet.

On passe de V à A en sautant les lettres W, X, Y et Z et on rentre de nouveau dans l'alphabet avec la lettre A.

(4)

W R M H C **X**

Saut de 4 lettres dans l'ordre *inverse* de l'alphabet.

On passe de C à X en sautant B, A, Z et Y.

(5)

F N V D L **T**

Saut de 7 lettres (excusez du peu) dans l'ordre de l'alphabet.

(6)

A C F J O **U**

Saut progressif dans l'ordre de l'alphabet : +1 lettre | +2 lettres | + 3 lettres | + 4 lettres et + 5 lettres. On passe donc de O à U en sautant P, Q, R, S et T.

(7)

H A U P L **I**

Saut progressif (pour ne pas dire dégressif) de lettres dans l'ordre inverse de l'alphabet : - 6 | - 5 | - 4 | - 3 | - 2. On passe ainsi de L à I en sautant J puis K.

(8)

A D I P **Y**

Les rangs des lettres qui composent cette séries sont égaux à : 1 ; 4 ; 9 et 16, les carrés des premiers entiers naturels. Il ne nous reste plus qu'à compléter la série avec la lettre Y dont le rang de l'alphabet est égal à 25, le carré de 5.

(9)

D N O S A **J**

Il s'agit en fait ici des initiales des mois de l'année, en supposant que l'on énumère les mois « à l'envers » en partant du mois de décembre. On a donc : **D**écembre, **N**ovembre, **O**ctobre, **S**eptembre, **A**oût… il ne nous reste plus qu'à compléter la série avec Juillet, i.e. avec la lettre J.

(10)

U D T Q C **S**

Initiales des premiers nombres entiers : **U** pour **U**n, **D** pour **D**eux, etc. Il ne nous restait donc plus qu'à compléter la série avec la lettre **S**, initiale de **S**ix.

(11)

B C E H M **U**

Le rang de chaque lettre, à partir de la troisième, est égal à la somme des rangs des deux lettres précédentes.

Ainsi doit-on trouver la lettre U dont le rang est égal à 21 (8|H + 13|M).

(12)

Y T O J **E**

Saut de 4 lettres dans l'ordre inverse de l'alphabet. On passe donc de J à E en sautant les 4 lettres I ; H ; G et F.

(13)

HBC XAB HAE **DLA**

Le produit des rangs des lettres des termes de la série est toujours égal à 48. En effet, le produit des rangs des lettres H, B et C est égal à 8 × 2 × 3 = 48 ; celui des rangs des lettres XAB est égal à 24 × 1 × 2 = 48 et ainsi de suite...

La seule réponse qui donne un produit des rangs égal à 48 est la réponse E.

(14)

KLW JIS MCP **NES**

Dans chacun des termes de la série, la somme des rangs des deux premières lettres est toujours égale au rang de la troisième lettre. En effet, la somme des rangs des lettres K et L est égale à 11 + 12 = 23… le rang de W. Il fallait donc répondre NES puisque la somme des rangs de N et E est égale à 14 + 5 = 19, le rang de S.

(15)

B C E G K M Q S **W**

Vous avez certainement reconnu ici une suite de lettres dont les rangs sont égaux aux premiers nombres. Ainsi, le nombre premier qui doit compléter la série est 23, le rang de W.

V. BATTERIE 3 : SÉRIES MIXTES

Vous disposez de **15 minutes** pour répondre aux **25 QCM** qui suivent.

(1)
MAISON (6) KILOGRAMME (10) ENCHANTER (9) RAT (**?**)

(2)
GALVAUDER (4) DERISOIRE (5) MELODIEUSE (6) ENFREINDRE (**?**)

(3)
PLAT (3) HUITRE (3) TRAITRESSE (6) FRITURE (**?**)

(4)
TAMBOUR (2) CHAPEAU (2) ENVISAGER (4) LAIT (**?**)

(5)
RYAN (14) VOLCHEK (11) SETH (8) MARISSA (**?**)

(6)
SCOTLAND (19) UMA (21) MICHIGAN (13) PARIS (**?**)

(7)
TROIS (32) CINQ (31) SEPT (31) NEUF (**?**)

(8)
7120956 (GALOPER) 92175 (**?**)

(9)
63 (st) 56 (cs) 17 (ds) 24 (**?**)

(10)
LV (4) XXII (6) XXXL (8) MLX (**?**)

(11)
MEDIOCRE (38014798) REMEDE (**?**)

(12)
XVI (s) XXX (t) I (u) XIV (**?**)

(13)
4S2O3U1H5E /// HOUSE ; 6O4H1T5N2E3C /// (**?**)

(14)
1 | Z 2 | W 3 | R 4 | K 5 | **?**

(15)
TETE (12) KILL (8) VIVA (8) MIE (**?**)

(16)
34L 54T 33I 83X 72**?**

(17)
BAUER = 18 JACK = 11 KIM = 13 CHLOE = **?**

(18)
CHIEN = 4 OUI = 9 HURRICANE = 16 JAG = **?**

(19)
GREGORIEN = 2 ELIAH = 1 THEIERE = 3 ELEVAGE = **?**

(20)
ETRANGE = 12 CHEVAUCHER = 24 CHALUMEAU = **?**

(21)
GRANDE = 534216 STRING = 973025 TRAGEDIES = **?**

(22)
E 7 L 9 U B 3 E 7 L 0 L 3 O 5 T B **?** I **?** J **?** O **?** U **?** X

(23)
6 E 13 L 19 R 25 X 12 **?**

(24)
1comber 2venir 6micité **?**traire

(25)
HT AC BB KC N **?**

VI. BATTERIE 3 | CORRIGÉS COMMENTÉS

(1)

MAISON (6) KILOGRAMME (10) ENCHANTER (9) RAT (**3**)

Voici un très grand classique des séries mixtes. Le nombre entre parenthèses est égal au **nombre de lettres** que contient le mot qui se trouve à sa gauche. Le mot RAT contient 3 lettres.

(2)

GALVAUDER (4) DERISOIRE (5) MELODIEUSE (6) ENFREINDRE (**4**)

Comme vous le voyez, il s'agit ici de compter **le nombre de voyelles** que contient chacun des mots de la série. Le mot ENFREINDRE contient **4** voyelles.

Il ne fallait pas répondre 7 ici bien entendu. 7 aurait été une réponse possible si vous aviez par exemple le mot **INENVISAGEABLE** à la place du mot ENFREINDRE.

Je vous rappelle naturellement la notion de base suivante (que vous pourrez retrouver dans le chapitre *Séries de raisonnement* des *Epreuves de logique et de mathématiques aux concours des écoles de commerce* – même auteur, même édition) : **vous devez absolument identifier le lien ANALOGIQUE qui existe entre les différents éléments qui composent chacun des termes de votre série.**

Ainsi, on ne pouvait répondre 7 ici en se basant sur le fait que les chiffres entre parenthèses suivaient une progression arithmétique (4, 5, 6 etc.). Il fallait au contraire se demander quel était le lien analogique qui existait entre 'GALVAUDER' et '4', ce lien analogique devant bien entendu être ensuite parfaitement identique à celui qui existe entre 'DERISOIRE' et '5', 'MELODIEUSE' et '6' etc.

Identifier les liens analogiques qui existent entre deux ou plusieurs éléments demande beaucoup d'entraînement. Car il faut être particulièrement patient et rigoureux.

Cette rigueur exige en effet que vous déployiez un raisonnement qui allie à la fois bon sens, sens de l'observation et… créativité ! Il faut donc avoir l'esprit ouvert… à presque tout !!!

(3)

PLAT (3) **HUITRE** (3) **TRAITRESSE** (6) **FRITURE** (**4**)

Il s'agit à présent de compter **le nombre de consonnes** que contient chacun des mots de la série. Le mot FRITURE contient 4 consonnes.

(4)

TAM|BOUR (2) CHA|PEAU (2) EN|VI|SA|GER (4) LAIT (**1**)

Bravo à tous ceux qui ont trouvé la bonne réponse. Il s'agit là d'un QCM très intéressant.

Le décompte des voyelles comme des consonnes ne mène nulle part. Il faut en fait compter ici le **nombre de syllabes** que compte chacun des mots de cette série. Ainsi le mot LAIT compte 1 seule et unique syllabe.

Pour votre info, j'ai conçu ici une série qui nous mettait à l'abri d'une querelle de linguistes portant sur le nombre de syllabes **écrites** VS nombre de syllabes **parlées**… puisque dans cette série, le nombre de syllabes écrites est à chaque fois égal au nombre de syllabes parlées.

Exemples : le mot CHAPEAU compte 2 syllabes écrites et 2 syllabes parlées. Le mot LAMPADAIRE compte en revanche 4 syllabes écrites (LAM, PA, DAI et RE) contre 3 voyelles parlées (LAM, PA et DAIRE)

(5)

RYA**N** (14) VOLCHE**K** (11) SET**H** (8) MARISS**A** (**1**)

Le nombre qui se trouve entre parenthèses est égal au **rang de la dernière lettre** du mot. Le rang de la dernière lettre du prénom MARISS**A** est le rang de A, soit 1.

Encore une fois, vous ne pouviez pas répondre 5 ici (suite décroissante de nombres 14, 11, 8 etc.) puisqu'il fallait trouver un lien analogique **mot/nombre** et aucune forme d'analogie mot/nombre donnait à penser qu'il fallait répondre 5. En fait, en répondant 5, vous faîtes complètement fi des mots qui vous sont donnés dans la série… et c'est bien là le problème puisque dans les séries mixtes, on vous demande en fait précisément de trouver la ou les analogies qui existent entre deux ou plusieurs éléments…

(6)

SCOTLAND (19) **U**MA (21) **M**ICHIGAN (13) **P**ARIS (**16**)

Il fallait trouver le **rang de la première lettre** ici. Le rang de la première lettre de PARIS est le rang de P, soit 16.

(7)

TROIS (32) CINQ (31) SEPT (31) NEUF (**22**)

Un QCM intéressant. C'est sûr que si vous avez fait la somme des chiffres entre parenthèses, vous avez trouvé à chaque fois le lien analogique « nombre de lettres que contient le mot | somme des chiffres du nombre entre parenthèses »… sauf que ce lien analogique pose problème. Eh oui, si c'est ce lien que vous préemptez, alors plusieurs réponses sont possibles ; (ce qui est impossible aux concours en ce qui concerne ce type de tests – sauf si bien entendu on vous précise clairement en préambule que plusieurs réponses sont possibles.) à savoir : 40, 31, 13, ou encore 04 et 22.

En fait, il fallait être assez rigoureux pour constater que le premier chiffre du nombre entre parenthèses est égal au nombre de consonnes du mot associé tandis que le second chiffre est égal au nombre de voyelles. Ainsi, la seule réponse possible était 22 ('2' pour les deux consonnes du mot NEUF et encore '2' pour les deux voyelles.)

(8)

7120956 (GALOPER) 92175 (**PLAGE**)

Là encore, un grand classique. Il s'agit du codage arbitraire d'une lettre par un chiffre. Ce QCM était trompeur puisqu'au départ, on a l'impression que le code décrit le rang des lettres du mot entre parenthèses… hors ça ne marche pas du tout en fait !

Le code associait ainsi 7 à G ; 1 à A ; 2 à L ; 0 à O ; 9 à P ; E à 5 et 6 à R. Et le code 92175 donnait alors tout simplement le mot PLAGE.

(9)

63 (**s**oixante-**t**rois) 56 (**c**inquante-**s**ix) 17 (**d**ix-**s**ept) 24 (**vq**)

ST pour les initiales de 63 (**s**oixante-**t**rois). Il fallait donc trouver 'vq', initiales du mot **v**ingt-**q**uatre.

(10)

LV (4) XXII (6) XXXL (8) MLX (**8**)

Le nombre entre parenthèses est égal au **nombre total de barres du nombre romain** associé. Le nombre total de barres du nombre MLX est égal à 8.

(11)

MEDIOCRE (38014798) REMEDE (**983808**)

Codage très classique : M est associé au chiffre 3, E à 8 etc.

Il fallait donc trouver le code associé au mot REMEDE à savoir 983808

(12)

XVI (**s**eize) XXX (**t**rente) I (**u**n) XIV (**q**)

Eh oui ! Il suffisait à nouveau de **« lire », d'énoncer ou d'écrire** en toutes lettres, le nombre romain et de constater que la lettre entre parenthèses représentait la première lettre de ce nombre.

Ainsi fallait-il trouver la lettre **q** pour XIV, puisque XIV s'écrit, s'énonce… **q**uatorze !

(13)

4S2O3U1H5E /// HOUSE | 6O4H1T5N2E3C /// (**TECHNO**)

Un codage classique là encore : le chiffre qui précède chacune des lettres est égal à la **place de la lettre dans le mot**. Ainsi 4S2O3U1H5E signifie que la lettre S se situe à la 4ème place dans le mot, la lettre O se situe à la seconde place etc.

En respectant la même règle analogique, on trouvait alors le mot TECHNO.

(14)

1 | Z 2 | W 3 | R 4 | K 5 | **B**

Le carré du chiffre est égal au rang de la lettre **dans l'ordre alphabétique inverse**. Ainsi, fallait-il répondre B, puisque $5^2 = 25$ et 25 est égal au rang de B (dans l'ordre alphabétique **inverse** bien sûr !)

(15)

TETE (12) KILL (8) VIVA (8) MIE (**9**)

Le nombre entre parenthèses est égal à la **somme des barres** qu'il y a dans le mot associé. Ainsi le mot TETE est composé des lettres T (2 barres), E (4 barres), T (2 barres) et E (4 barres)… la somme des barres est alors égale à 12.

Le mot MIE contient 4(M) barres + 1(I) barre + 4(E) barres soit une somme égale à 9 barres !

(16)

34L 54T 33I 83X 72**N**

Le produit des chiffres donne le rang de la lettre ! Ainsi $7 \times 2 = 14$ et 14 est le rang de la lettre N.

(17)

BAUE**R** = 18 JAC**K** = 11 KI**M** = 13 CHLO**E** = **5**

Chacun des nombres représente **le rang alphabétique de la dernière lettre** des mots qui composent la série. Ainsi BAUE**R** = **18** car le rang de la dernière lettre de BAUER, à savoir R est égal à 18.

Il fallait par conséquent trouver le chiffre 5 (rang de la dernière lettre de CHLO**E**)

NB : Qu'avez-vous pensé de la saison 6 ? ;-)

(18)

CHIEN = 4 **OUI** = 9 HURRICANE = 16 JAG = **1**

Il suffisait ici de compter le nombre de voyelles et d'élever ce nombre au carré. Ainsi dans le mot HURRICANE, il y a 4 voyelles et 4 élevé au carré est égal à 16. Je vous avais glissé un bel indice ici avec le mot OUI qui compte 3 voyelles et $3^2 = 9$!!!

Il ne restait plus qu'à conclure que le mot JAG contient une seule voyelle et $1^2 = 1$.

(19)

GREGORIEN = **2** ELIAH = **1** THEIERE = **3** ELEVAGE = **3**

Dans cette série, **la seule lettre absolument commune** est la lettre E. Cette lettre apparaît 2 fois dans le mot GREGORIEN, 1 fois dans le mot ELIAH etc.

La lettre E apparaît **3** fois dans le mot ELEVAGE, d'où ELEVAGE = 3.

(20)

ETRANGE = 12 **CHEVAUCHER** = **24** **CHALUMEAU** = **20**

Si l'on fait le produit des consonnes par les voyelles de chacun des mots, on obtient les nombres auxquels ces mots sont associés. Ainsi ETRANGE contient 4 consonnes et 3 voyelles et $3 \times 4 = 12$. De même, CHEVAUCHER contient 6 consonnes et 4 voyelles et le produit 6×4 est égal = 24. On en déduit alors la valeur de CHALUMEAU qui contient 4 consonnes et 5 voyelles, soit : $4 \times 5 = 20$.

(21)

GRANDE = 534216 STRING = 973025 TRAGEDIES = **734561069**

Codage classique en deux temps. Pour retrouver le code associé au mot TRAGEDIES, il suffit de voir que la lettre T est codée par le chiffre 7 dans le mot STRING, la lettre R est codée par le chiffre 3 que ce soit dans le mot GRANDE ou dans le mot STRING etc. On en déduit alors que : TRAGEDIES = 734561069.

(22)

E 7 L 9 U B 3 E 7 L 0 L 3 O 5 T B **7** I **1** J **5** O **6** U **3** X

Dans le mot ELU, les rangs dans l'alphabet des lettres E, L et U sont respectivement égaux à 5, 12 et 21.

Les chiffres qui s'intercalent entre les lettres E, L et U sont donc égaux à l'écart qui existe entre les rangs des lettres. Pour passer de 5 (E) à 12 (L), on fait +7 et pour passer de 12 (L) à 21 (U), on fait +9.

On vérifie que cette logique fonctionne parfaitement pour B 3 E 7 L 0 L 3 O 5 T.

On en déduit alors le code : B 7 I 1 J 5 O 6 U 3 X.

(23)

6 E 13 L 19 R 25 X 12 **K**

Chaque lettre est précédée d'un chiffre qui est égal au **'rang de la lettre + 1'**.

Il fallait donc trouver la lettre K puisque le rang de la lettre K est 11 et 11 + 1 = 12.

(24)

1comber 2venir 6micité **10**traire

Un QCM intéressant sinon très moderne. Il fallait en effet ici tout simplement lire la série comme un SMS | Texto.

1comber donnait ainsi le mot **incomber** ; 2venir donnait **devenir** ; 6micité donnait **sismicité** (caractère sismique) et 10traire donnait bien entendu le mot **distraire**.

Eh oui, ne vous fiez pas aux apparences… je fais partie de ces concepteurs de tests qui prêtent une attention toute particulière aux nouveaux modes de langage et d'expression…! Alors soyez ouverts !

(25)

HT AC BB KC N **E** ou N**S**

Et un nouveau code SMS | Texto !! HT : **acheter** ; AC : **assez** ; BB : **bébé** ; KC : **cassé**.

Il faut donc trouver une lettre qui, associée à la lettre N, donne un mot qui a du sens.

Il y avait en fait deux possibilités ici (n'oubliez qu'au concours, vous n'aurez qu'une seule possibilité… sauf si l'on vous précise expressément que plusieurs réponses sont possibles), à savoir : **NE : haineux** et **NS : aînesse** (on parle de droit d'aînesse : un droit primogéniture qui avantage considérablement l'aîné dans la succession).

CHAPITRE 2

SÉRIES DE RAISONNEMENT ANALOGIQUE, MATHÉMATIQUE ET ENSEMBLISTE

CIBLE 1 (entraînement indispensable):
SESAME, PASSERELLE (ARPEGE), TESTS ESSEC, IPAG…
CIBLE 2 (entraînement non indispensable mais fortement recommandé):
TAGE MAGE, TAGE 2, PROFILS…

I. BATTERIE 1 : SÉRIES ANALOGIQUES

Vous disposez de **8 minutes** pour répondre aux **15 QCM** qui suivent.

(1)

HEURES	MINUTES	SECONDES
100	6 000	**?**

(2)

RECTANGLE PARALLELEPIPEDE | CERCLE **?**

(3)

NOYAU	HYERES	CHRYSANTHEME	324
CHIOT	TAROT	ONGLE	**?**

(4)

PROPRIETE CLOTURE | ETAT **?**

*Les séries **5 à 10** permettent de tester votre créativité (tests utilisés au concours SESAME notamment). Le point d'interrogation suggère ici que vous complétiez la série par l'élément (lettre, mot, chiffre...) de votre choix. Une ou plusieurs (bien que très limitées en nombre) réponses sont possibles.*

(5)

SEVES SAGAS SOLOS **?**

(6)

CHERCHER	BOUIBOUI	ZINZIN	**?**

(7)

RESSASSER	ROTOR	RETATER	**?**

(8)

ENGAGE CE JEU QUE JE LE GAGNE | LA MARIEE IRA **?**

(9)

CARNET	ENCART	CENTRA	**?**

(10)

A. QUARTIER	IMMEUBLE	APPARTEMENT	CHAMBRE
B. HYPERMARCHE	**?**	SUPERETTE	EPICERIE

(11)

68907523 ➥ 02658379 | **?** ➥ SUBALPIN

(12)

DCF est à GFI ce que HUI est à KX**?**

(13)

BAGUETTE est à MIETTES ce que ROTI est à **?** (On cherche un mot de 3 lettres)

(14)

NOYAU est à CERISE ce que RAISIN est à **?**

(15)

HARICOT est à 0101010 ce que ASPERGE est à **?**

II. BATTERIE 1 | CORRIGÉS COMMENTÉS

(1)

HEURES	MINUTES	SECONDES
100	6 000	**360 000**

Cette série est assez simple : il s'agit ici de constater que nous sommes en présence de 100 heures, qui représentent un total de 6000 minutes… et de 6 000 × 60 = 360 000 secondes.

(2)

RECTANGLE	PARALLELEPIPEDE	CERCLE	**SPHERE**

Quand on passe de la figure 'rectangle' à l'objet 'parallélépipède', on passe de la famille 'dimension 2' (figures planes) à la famille 'dimension 3' (objets à 3 dimensions). Ainsi passe-t-on du cercle à la **sphère** en suivant la même logique (on transforme la figure plane qu'est le cercle en un objet à 3 dimensions : la sphère.)

(3)

NOYAU	HYERES	CHRYSANTHEME	324
CHIOT	TAROT	ONGLE	**441**

La seule lettre **absolument commune** aux mots de la première série est la lettre Y.

Le code donne précisément la position de la lettre Y dans chacun des trois mots. Ainsi la lettre Y est en 3ème position dans le mot NOYAU, en 2nde position dans le mot HYERES puis en 4ème position dans le mot CHRYSANTHEME… d'où le code **324**.

De même, la seule lettre absolument commune dans la seconde série est la lettre O qui se trouve en 4ème position dans le mot CHIOT, en 4ème position également dans le mot TAROT puis en 1ère position dans le mot ONGLE… d'où le code **441**.

Au fait, à votre avis, quels points communs y a-t-il entre 324 et 441?

Bon allez ! Le premier ou la première qui m'envoie la réponse à l'adresse : franck.attelan@liveqcm.com se verra offrir 5 crédits. N'oubliez pas de mentionner le titre de l'ouvrage ainsi que le numéro de la page.

(4)

PROPRIETE	CLOTURE	ETAT	**FRONTIERES**

Une *clôture* permet de définir les contours, les limites géographiques d'une *propriété*. De même que les *frontières* (l'orthographe 'frontière' au singulier était également acceptable) permettent de définir les contours, les limites géographiques d'un État.

(5)

SEVES	SAGAS	SOLOS	**SEXES**

Tous les mots de cette série sont des **palindromes** de 5 lettres qui commencent et se terminent par la lettre S. Il convenait donc de compléter la série par un mot qui respectait les mêmes contraintes ; à savoir : SEXES

(6)

CHERCHER	BOUIBOUI	ZINZIN	**JOUJOU | TOUTOU...**

Tous les mots de cette série ont des **syllabes redondantes** (qui se répètent). On pouvait donc répondre : JOUJOU, TOUTOU mais encore : GRIGRI, FROUFROU, FANFAN...

(7)

RESSASSER	ROTOR	RETATER	**REVER | RADAR...**

Tous les mots de cette série sont des **palindromes** qui commencent et se terminent par la lettre R. Il fallait donc compléter la série par un mot qui respectait les mêmes contraintes ; à savoir : REVER ou RADAR par exemple.

(8)

ENGAGE CE JEU QUE JE LE GAGNE | LA MARIEE IRA **MAL**

'ENGAGE CE JEU QUE JE LE GAGNE' est une **phrase palindrome** qui peut se s'énoncer pareillement de gauche à droite comme de droite à gauche.

Il convenait donc de compléter la phrase 'LA MARIEE IRA' par le mot 'MAL' pour obtenir 'LA MARIEE IRA MAL' qui est également une phrase palindrome.

(9)

CARNET	ENCART	CENTRA	**CANTER | NECTAR...**

Nous sommes ici en présence d'**anagrammes** qui ont du sens et qui sont composés des lettres A, C, E, N, R et T. Il convenait donc de compléter la série avec les mots CANTER ou NECTAR.

(10)

A. QUARTIER	IMMEUBLE	APPARTEMENT	CHAMBRE
B. HYPERMARCHE	**SUPERMARCHE**	SUPERETTE	EPICERIE

Cette série fonctionne comme un **ZOOM** « à la Google Earth » qui retient comme critère la **taille** des éléments mis en avant (les éléments sont des lieux de vie pour la série A et des lieux de distribution de biens de consommation pour la série B).

En effet, dans la série A. on part du quartier, on zoome alors sur l'immeuble, puis on zoome sur l'appartement et enfin sur la chambre. On procède de façon analogue dans la série B. On a en effet dans l'ordre : l'hypermarché, le supermarché, la supérette puis l'épicerie.

(11)

68907523 ➥ 02658379 | **BLNSIAUP** ➥ SUBALPIN

On a modifié ici la position de chacun des chiffres de la suite de chiffres 68907523 pour obtenir la nouvelle suite de chiffres : 02658379.

On va raisonner de façon analogue pour trouver la suite de lettres qui, une fois modifiée selon le même mode, donnera le mot SUBALPIN.

Le plus simple est donc d'associer 02658379 au mot SUBALPIN, soit : S = 0, U = 2, B = 6, A = 5, L = 8, P = 3, I = 7 et N = 9.

On retrouve alors la suite de lettres suivante : BLNSIAUP

(12)

DCF est à GFI ce que HUI est à KX**L**

D ➥ G (on a sauté 2 lettres : E et F)
C ➥ F (on a sauté 2 lettres : D et E)
F ➥ I (on a sauté 2 lettres : G et H)

En appliquant la même règle à HUI on obtient KXL.

(13)

BAGUETTE est à MIETTES ce que ROTI est à ***JUS***

(14)

NOYAU est à CERISE ce que RAISIN est à **PEPIN**

(15)

HARICOT est à **0101010** ce que ASPERGE est à **1001001**

Une série assez simple pour finir. Les consonnes sont toutes associées au chiffre 0 et les voyelles au chiffre 1. Ce qui nous donne 1001001 pour ASPERGE.

III. BATTERIE 2 : SÉRIES LOG-MATHS

Vous disposez de **12 minutes** pour répondre aux **15 QCM** qui suivent.

Instructions :

Dans les QCM qui suivent le signe $\hookrightarrow$ représente un signe mathématique. $\hookrightarrow$ peut ainsi opérer comme un + pour l'addition, un – pour la soustraction, un / pour la division, un × pour la multiplication, un ^ pour la puissance ou encore un $\sqrt{\ }$ pour la racine carrée.

Ces tests ont pour objectifs de tester votre **appréciation logique du calcul, votre agilité calculatoire ainsi que votre résistance en termes de concentration.**

Exemple :

$(58 \hookrightarrow 10) \hookrightarrow 6 = 8$

(A) × | /
(B) – | /
(C) – | +
(D) + | –
(E) + | +

B est la bonne réponse ici. En effet, (58 – 10) / 6 = 8. C'est à vous !

(1)

$(4 \hookrightarrow 16) \hookrightarrow (10 \hookrightarrow 2) = 8$

(A) + | – | ×
(B) × | / | /
(C) / | – | –
(D) + | – | /
(E) × | / | –

(2)

$\frac{5}{4} = (\frac{1}{2} \hookrightarrow \frac{1}{3}) \hookrightarrow \frac{2}{3}$

(A) + | /
(B) × | +
(C) + | ×
(D) / | /
(E) – | ×

(3)

$$2 \hookrightarrow \left(\frac{2}{3} \hookrightarrow \frac{4}{7}\right) \hookrightarrow \left(\frac{1}{3} \hookrightarrow 2\right) = 0$$

(A) + | / | × | –
(B) / | × | + | –
(C) × | / | – | +
(D) + | / | – | /
(E) – | × | × | +

(4)

$$[7 \hookrightarrow (9 \hookrightarrow 3)] \hookrightarrow 12 = 9$$

(A) × | / | –
(B) + | × | –
(C) × | + | /
(D) + | – | –
(E) – | × | /

(5)

$$[\hookrightarrow 12 \hookrightarrow 9 \hookrightarrow (3 \hookrightarrow 1)] \hookrightarrow 2 = 324$$

(A) √ | × | √ | – | ^
(B) – | √ | / | – | ^
(C) + | / | ^ | / | ×
(D) + | / | – | / | ×
(E) √ | / | ^ | / | ^

(6)

$$57 \hookrightarrow (3 \hookrightarrow \hookrightarrow 16) = 45$$

(A) + | – | √
(B) × | + | √
(C) – | + | /
(D) √ | + | /
(E) – | × | √

(7)

$$\left(\frac{4}{5}+\frac{2}{3}\right) \hookrightarrow 2 = \frac{11}{15}$$

(A) +
(B) ×
(C) –
(D) /
(E) ^

(8)

$$(2 \hookrightarrow 9) \hookrightarrow (54 \hookrightarrow 3) = -39$$

(A) × | – | –
(B) – | × | +
(C) × | – | +
(D) – | – | –
(E) + | / | –

(9)

$$(7 \hookrightarrow 9) \hookrightarrow (48 \hookrightarrow 6) \hookrightarrow \frac{1}{2} = 3$$

(A) × | – | + | ^
(B) – | + | / | ×
(C) + | / | ^ | /
(D) + | / | – | /
(E) × | – | – | ^

(10)

$$(0{,}4 \hookrightarrow 0{,}002) \hookrightarrow (0{,}0003 \hookrightarrow 0{,}00001) \hookrightarrow 0{,}000004 = \frac{20}{3}$$

(A) × | × | × | /
(B) / | × | / | ×
(C) × | × | / | /
(D) / | / | / | /
(E) × | / | / | /

(11)
4 ⤷ [(37 ⤷ 17) ⤷ 3] = 72

(A) × | + | /
(B) + | × | /
(C) + | – | /
(D) × | × | /
(E) / | + | /

(12)
(5 ⤷ 3) ⤷ 4 ⤷ (10 ⤷ 2) = 5

(A) √ | × | + | √
(B) + | ^ | – | /
(C) + | ^ | × | /
(D) ^ | × | / | ^
(E) + | × | – | +

(13)
(222 ⤷ 222 ⤷ 111) ⤷ 2 ⤷ 1,5 ⤷ 12 ⤷ 3 = 343

(A) + | / | / | × | – | /
(B) / | + | / | × | / | ^
(C) + | – | / | / | / | ^
(D) / | + | – | / | – | ×
(E) + | / | / | – | / | ×

(14)
(143 ⤷ 13) ⤷ 2 = 121

(A) × | /
(B) – | ^
(C) – | +
(D) – | –
(E) / | ^

(15)

10 ↳ 32 ↳ 20 ↳ 16 = 5 ↳ 16

(A) × | / | + | ×

(B) + | − | / | +

(C) ^ | / | ^ | ^

(D) − | + | − | −

(E) × | ^ | / | +

IV. BATTERIE 2 | CORRIGÉS COMMENTÉS

(1)

$(4 \times 16) / (10 - 2) = 8$

Réponse E

(2)

$\frac{5}{4} = (\frac{1}{2} + \frac{1}{3}) / \frac{2}{3}$

Réponse A

(3)

$$2\times\left(\frac{2}{3}/\frac{4}{7}\right)-\left(\frac{1}{3}+2\right)=2\times\frac{\frac{2}{3}}{\frac{4}{7}}-\left(\frac{1}{3}+\frac{6}{3}\right)=2\times\frac{2}{3}\times\frac{7}{4}-\frac{7}{3}=\frac{7}{3}-\frac{7}{3}=0$$

Réponse C

(4)

$[7 \times (9 / 3)] - 12 = 9$

Réponse A

(5)

$[-12\sqrt{9} / (3 - 1)] \wedge 2 = ((-12 \times 3) / 2) \wedge 2 = (-18) \wedge 2 = 324$

Réponse B

(6)

$57 - (3 \times \sqrt{16}) = 57 - 3 \times 4 = 57 - 12 = 45$

Réponse E

(7)

$$\left(\frac{4}{5}+\frac{2}{3}\right)/2=\frac{\left(\frac{12+10}{15}\right)}{2}=\frac{\frac{22}{15}}{2}=\frac{11}{15}$$

Réponse D

(8)

$(2 \times 9) - (54 + 3) = -39$

Réponse C

(9)

Rappel : $x^{\frac{1}{2}} = \sqrt{x}$ pour $x \geq 0$

$(7 \times 9) - (48 + 6) \wedge \frac{1}{2} = \sqrt{(63 - 54)} = \sqrt{9} = 3$

Réponse A

(10)

$(0{,}4 \times 0{,}002) / (0{,}0003 / 0{,}00001) / 0{,}000004 = \frac{20}{3}$

Réponse E

(11)

$4 \times [(37 + 17) / 3] = 72$

Réponse A

(12)

$(5 \wedge 3) \times 4 / (10 \wedge 2) = (125 \times 4) / 100 = 500 / 100 = 5$

Réponse D

(13)

$((222/222+111)/2\times 1{,}5/12)^3 = ((((1+111)/2)\times 1{,}5)/12)^3 = ((56\times 1{,}5)/12)^3 = 7^3 = 343$

Réponse B

(14)

$(143 / 13)^2 = 11^2 = 121$

Réponse E

(15)

$$10 \wedge 32 / 20 \wedge 16 = \frac{10^{32}}{20^{16}} = \frac{10^{32}}{(10 \times 2)^{16}} = \frac{10^{32}}{10^{16}2^{16}} = \frac{10^{32-16}}{2^{16}} = \frac{10^{16}}{2^{16}} = \left(\frac{10}{2}\right)^{16} = 5^{16} = 5 \wedge 16$$

Réponse C

VI. BATTERIE 3 : SÉRIES DE RAISONNEMENT ENSEMBLISTE

Instructions :

Dans les QCM qui suivent vous devez choisir *le* diagramme qui indique la relation ensembliste qui existe entre les termes proposés.

(1) CHATS / FELINS / CHIENS

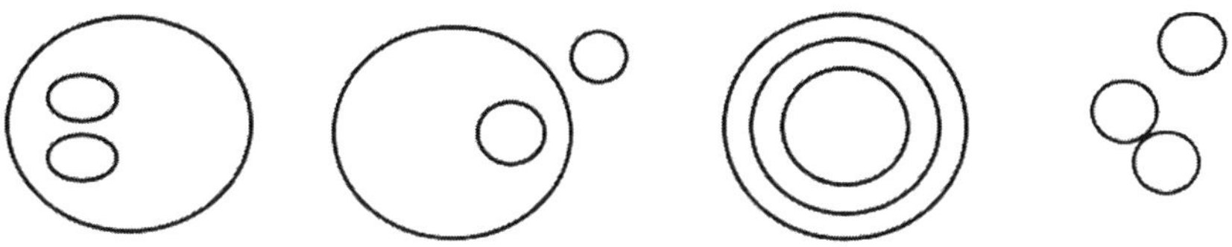

(A) (B) (C) (D)

(2) MERES / SŒURS / FEMMES

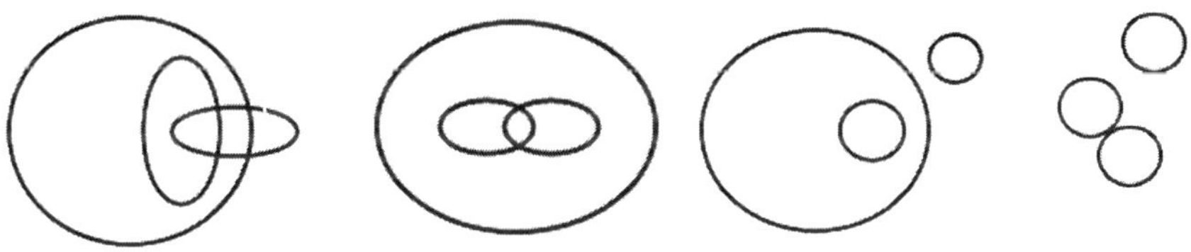

(A) (B) (C) (D)

(3) FLEURS / ŒILLETS / PAPILLONS

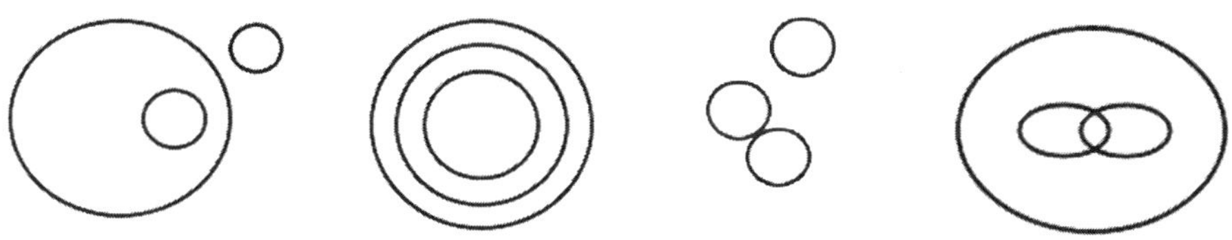

(A) (B) (C) (D)

(4) GRECS / PEUPLES ANTIQUES / LATINS

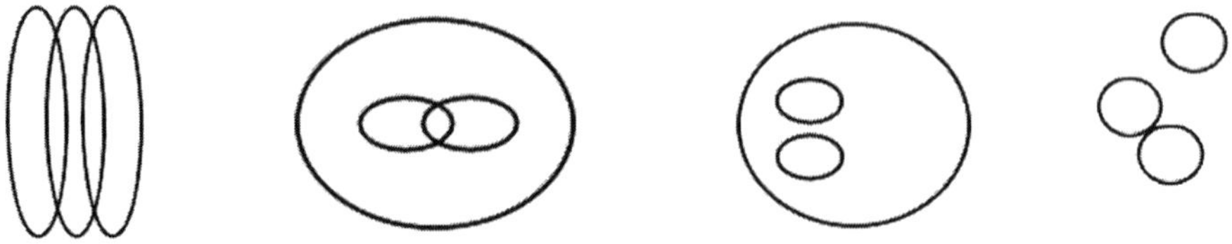

(A) (B) (C) (D)

(5) ALPHABET / VOYELLES / CONSONNES

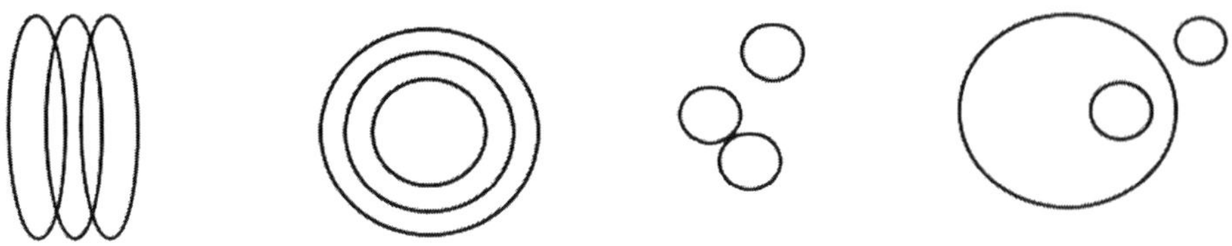

(A) (B) (C) (D)

(6) PERES / FRERES / HOMMES

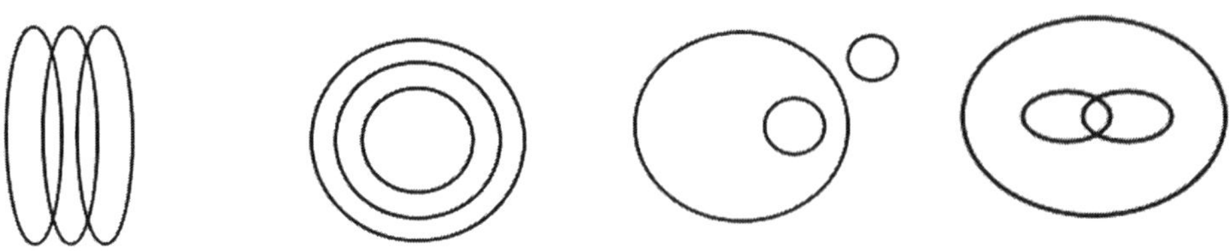

(A) (B) (C) (D)

(7) AFRICAINS / MUSULMANS / CATHOLIQUES

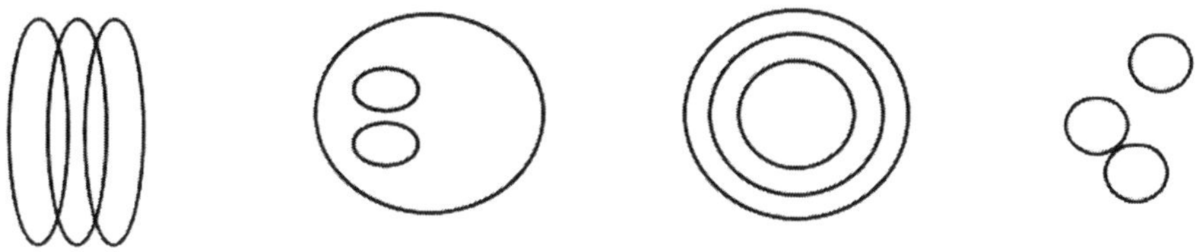

(A) (B) (C) (D)

(8) ANIMAUX / OVINS / MOUTONS

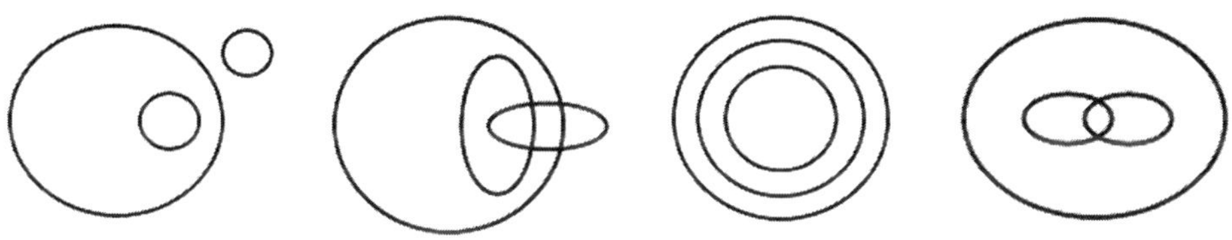

(A) (B) (C) (D)

(9) EMPLOYÉS / HOMMES / FEMMES

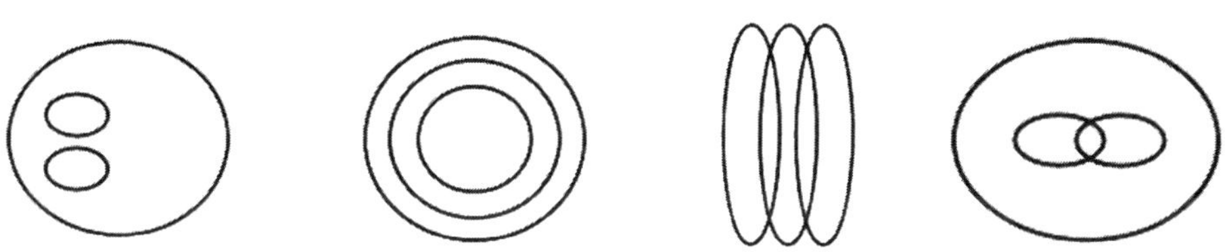

(A) (B) (C) (D)

(10) ITALIENS / ANGLOPHONES / EUROPÉENS

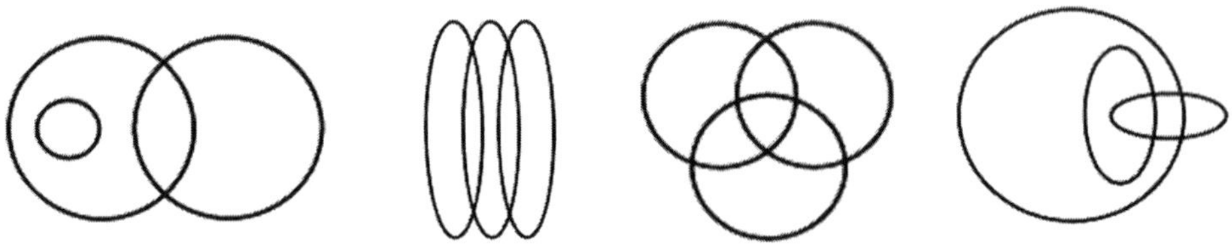

(A) (B) (C) (D)

(11) JOURNAL / QUOTIDIEN / HEBDOMADAIRE

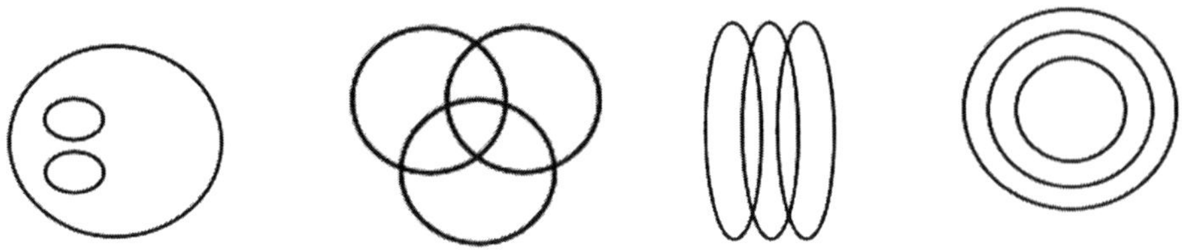

(A) (B) (C) (D)

(12) AUSTRALIENS / FRANÇAIS / EUROPÉENS

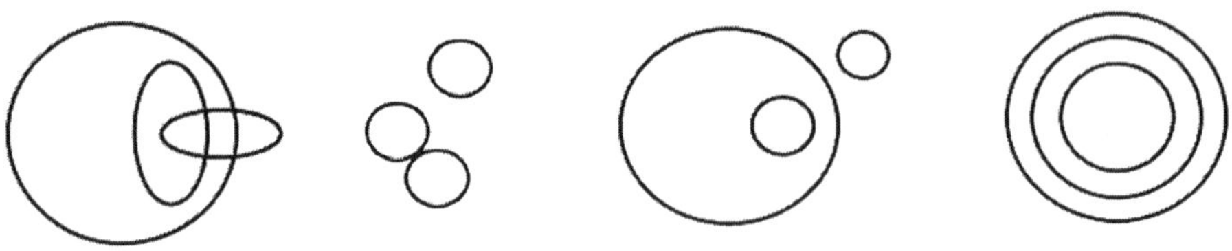

(A) (B) (C) (D)

(13) FEMMES / FEMMES BLONDES / FEMMES BRUNES

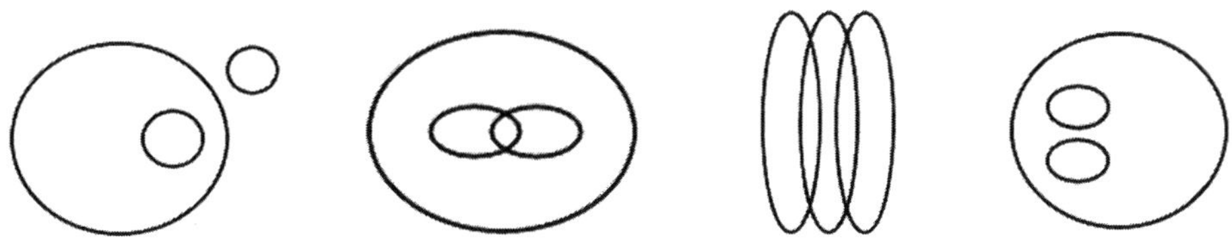

(A) (B) (C) (D)

(14) MONTAGNES / PLAINES / COLLINES

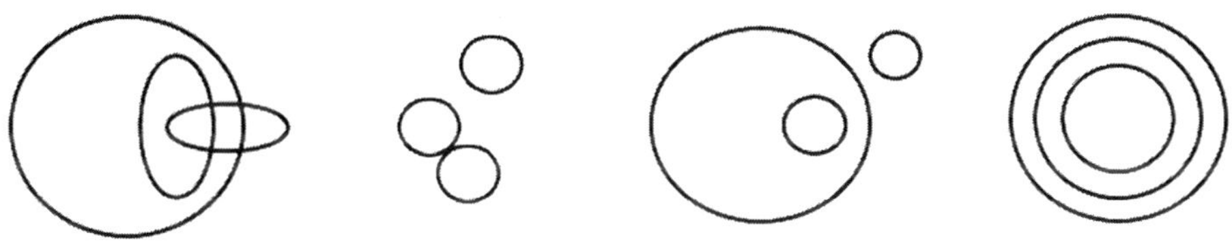

(A) (B) (C) (D)

(15) FRUITS / ORANGES / AGRUMES

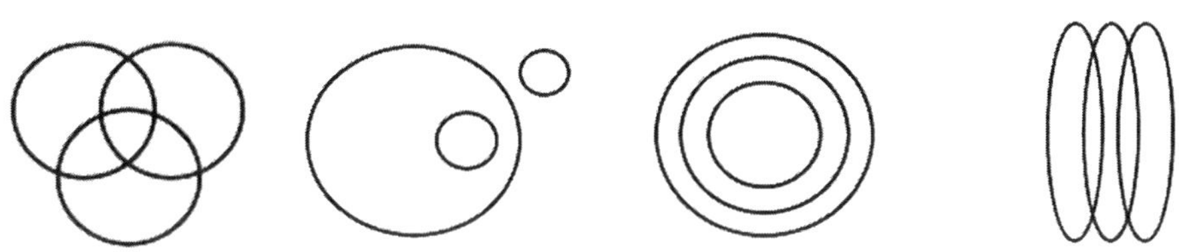

(A) (B) (C) (D)

VI. BATTERIE 3 | CORRIGÉS

(1) CHATS / FELINS / CHIENS

↳ Réponse **B**

Il existe un rapport de subordination entre CHATS et FELINS. Aucun rapport (aucune intersection), en revanche, entre CHIENS et FELINS ni entre CHIENS et CHATS.

(2) MERES / SŒURS / FEMMES

↳ Réponse **B**

Il existe effectivement un rapport d'intersection entre MERES et SŒURS puisque certaines MERES peuvent être des SŒURS et certaines SŒURS peuvent être des MERES. Entre les ensembles FEMMES – MERES – SŒURS il existe un rapport de subordination : toutes les MERES et toutes les SŒURS appartiennent au grand ensemble des FEMMES.

(3) FLEURS / ŒILLETS / PAPILLONS

↳ Réponse **A**

(4) GRECS / PEUPLES ANTIQUES / LATINS

↳ Réponse **C**

Il n'existe effectivement aucun rapport (aucune intersection) entre GRECS et LATINS. Il existe, en revanche, un rapport de subordination entre GRECS / PEUPLES ANTIQUES et LATINS / PEUPLES ANTIQUES.

(5) ALPHABET / VOYELLES / CONSONNES

↳ Réponse **C**

(6) PERES / FRERES / HOMMES

↳ Réponse **D**

(7) AFRICAINS / MUSULMANS / CATHOLIQUES

↳ Réponse **A**

Il n'existe aucun rapport (aucune intersection) entre MUSULMANS et CATHOLIQUES. Il existe en revanche des AFRICAINS qui sont ou MUSULMANS ou CHRETIENS.

(8) ANIMAUX / OVINS / MOUTONS

↳ Réponse **C**

(9) EMPLOYÉS / HOMMES / FEMMES

↳ Réponse **C**

(10) ITALIENS / ANGLOPHONES / EUROPÉENS

↳ Réponse **D**

L'ensemble ITALIENS est inclus dans l'ensemble EUROPÉENS. Si certains ITALIENS et certains EUROPÉENS sont effectivement ANGLOPHONES, il n'est, en revanche, pas dit que tous les ANGLOPHONES sont ITALIENS ou EUROPEENS.

L'ensemble ANGLOPHONES a par conséquent des intersections avec les deux autres ensembles mais il ne peut pas être totalement contenu dans ces deux ensembles.

(11) JOURNAL / QUOTIDIEN / HEBDOMADAIRE

↳ Réponse **A**

(12) AUSTRALIENS / FRANÇAIS / EUROPÉENS

↳ Réponse **C**

(13) FEMMES / FEMMES BLONDES / FEMMES BRUNES

↳ Réponse **D**

(14) MONTAGNES / PLAINES / COLLINES

↳ Réponse **B**

(15) FRUITS / ORANGES / AGRUMES

↳ Réponse **C**

TABLE DES MATIERES

TROISIEME PARTIE : SÉRIES DE RAISONNEMENT [141]

*Cette troisième partie s'adresse prioritairement aux candidats qui préparent les concours **SESAME, ARPEGE, ESSEC et IPAG**. Il est cependant recommandé aux candidats aux tests **TAGE MAGE** et **TAGE 2** de travailler cette partie.*

Achevé d'imprimer en janvier 2007
sur les presses de Normandie Roto Impression s.a.s.
à Lonrai (Orne)
N° d'imprimeur : 070171
Dépôt légal : février 2007

Imprimé en France